Les
millors
obres
de la
literatura
universal

segle xx

49

Director de la col·lecció:
Joaquim Molas

Assessors:
Josep M. Castellet i Pere Gimferrer

Elio Vittorini

Conversa a Sicília

Traducció Maria Aurèlia Capmany

edicions 62, Barcelona

Aquesta col·lecció és una iniciativa conjunta
d'Edicions 62, s/a., i de la Caixa de Pensions
per a la Vellesa i d'Estalvis
de Catalunya i Balears, «la Caixa».

Primera edició dins MOLU/s. XX: octubre de 1990.
Disseny d'Enric Mir.
Fotografia de la coberta: Oriol Maspons.

Imprès a Hurope, s/a., Recared, 2, 08005-Barcelona.
Fotocomposició: Tecfa® Línia Fotocomposició, S.A.
Almogàvers 189, 08018-Barcelona.
Dipòsit legal: B. 24.154-1990.
ISBN: 84-297-3151-2.

Presentació

I

La literatura italiana sovint s'ha organitzat entorn de revistes. Fins i tot hi ha una tendència bastant marcada a derivar el nom d'alguns corrents del de les revistes més significatives. Dintre d'aquest segle especialment n'hi ha una proliferació que impressiona. Alguns noms: «Il Leonardo», «Hermes», «La Voce», «Lacerba» fins al 1918; entre guerres, «La Ronda», «Il Convegno», «La Rivoluzione Liberale», «Il Baretti», «La Fiera Letteraria», «Solaria», «Il 900», «Letteratura»... i això és només una mostra! També és cert que la majoria no van durar gaire i que al capdavall la cosa es mou en grups força reduïts de persones, sovint les mateixes. Tot just com a exemple: «La Voce», setmanari de filosofia, literatura i política, sortí a Florència del 1908 al 1913 dirigida per Prezzolini (creador, amb Papini, d'«Il Leonardo»); l'any 13 s'hi produeix una escissió i se'n separen Papini i Soffici, que funden la futurista «Lacerba» (1913-1915); «La Voce» continua al seu torn dividida en dues, una de literària (fins al 16, des del 14 dirigida per G. de Robertis), i una de política, durant els anys 14 i 15, dirigida per Prezzolini. Un exemple només, però no un de qualsevol, perquè «La Voce» és una revista fonamental en aquesta època, i juntament amb «Lacerba» guien dos dels corrents principals, el *vocianesimo* precisament (un «corrent» més aviat indefinit, això sí, al qual es dediquen els epítets més variats: expressionista, preciosista, impressionista, amant del fragment i de la prosa lírica...), i el futurisme.

De l'època següent, entre guerres, la revista més influent a la primera part fou, sens dubte, «La Ronda», romana, fundada el 1919 per Cardarelli, entre d'altres, i que es publicà fins al 1923. També aquesta va donar origen a un adjectiu, *rondista*, i propugnava un cert neoclassicisme, una mena de restauració, com se sol dir (però cal prendre-s'ho sempre en termes molt relatius —«classicisme de doble fons», és expressió de Cardarelli—), enfront de les avantguardes del primer Nou-cents, sobretot del futurisme, prenent com a model un cert Leopardi (però Leopardi ha influenciat tant i de tantes maneres la literatura italiana...). En tot cas, per al que ara ens interessa, n'hi ha prou de dir que això posà de moda més encara la prosa d'art, breu, formalista, l'*elzeviro* o el *capitolo*.

Tot això ve a tomb perquè precisament de resultes d'aquest gust per la prosa lírica breu s'havia arribat a posar en dubte la possibilitat d'una novel·lística italiana (i això després de Svevo, per exemple, encara que —o precisament perquè— Svevo no va ser «descobert» fins trenta anys després dels seus inicis, per Joyce, i consagrat a París!). Era l'època del fragment, ja ho hem dit, de la pàgina perfecta, del lirisme concentrat, i la llargada de la novel·la havia arribat a ser qualificada de xavalla, perquè segons sembla necessita llargues disquisicions per expressar la mateixa sensibilitat d'un poema (vegeu com ho explica Moravia, en un article de *L'home com a finalitat* escrit l'any 1941). Durant els anys 30 comencen les polèmiques entre el «formalisme» i el «contenutisme», perquè ja en aquells anys comença a despuntar una nova tendència, això que se sol anomenar realisme (*Gli indifferenti* de Moravia, 1929; *Tre operai* de Carlo Bernari, 1934), en bona part a redós d'una altra revista, «Solaria», publicada a Florència entre 1926 i 1936, i després (una de les poques que aguanta —entre les no addictes al règim, és clar—, fintant més o menys, sempre envoltada de sospites durant el feixisme) «Letteratura» (1937-1943). Entorn d'aquestes publicacions s'agrupen escriptors joves, resistents a la incultura feixista, que al capdavall duran una renovació de la cultura italiana, en bona part per contacte amb el món.

Precisament a «Solaria» va publicar Vittorini els seus
 primers contes i després, per entregues, entre 1933 i 1935,

la seva primera novel·la, *Il garofano rosso*: això provocà el segrest de la revista i la prohibició de publicar la novel·la en forma de llibre. No sortí sencera fins al 1948, amb un pròleg important de l'autor sobre la seva pròpia obra. A l'altra, a «Letteratura», publicà la segona, *Conversazione in Sicilia*, per capítols, entre 1938 i 1939, censurada i fins i tot amb un número segrestat. Després, l'edició en forma de llibre (1941, amagada sota el títol de *Nome e lacrime*) va portar l'empresonament de l'autor.

Després de la guerra, continuant amb la tradició que hem esmentat, Vittorini mateix dirigí una revista, «Il Politecnico», de la qual sortiren 32 números, primer setmanal i després mensual, entre setembre del 1945 i desembre del 1947. A partir de 1951 dirigí una col·lecció a la casa Einaudi dedicada a nous autors, i encara creà una altra revista, «Il Menabò di Letteratura» (1959-1967), que publicà en col·laboració amb Calvino ja fins a la seva mort (13 de febrer de 1966, a Milà).

II

Vittorini va ser sempre un lluitador de la cultura, diguem-ho així, un guia cultural que va proposar-se, com alguns dels millors del seu temps, renovar la literatura italiana, concentrada —ho hem esmentat abans— en l'aire ja massa enrarit de la *prosa d'arte*, omnipresent llavors, refinada, minuciosa, necessàriament breu a causa del culte a la pàgina perfecta. Vittorini, com Pavese, Cecchi i alguns altres, sobretot entorn de l'editorial Einaudi, volgué exposar-la a nous aires que arribaven de fora (Pavese mateix ha definit els anys trenta com l'època de les traduccions), i se centraren principalment en la literatura nord-americana. En aquest sentit, cal tenir presents totes les traduccions que van fer, ell i Pavese principalment, d'autors com Faulkner, Defoe, Caldwell, Steinbeck, Dos Passos, Hemingway (Vittorini, fill de ferroviari i treballador en la construcció de carreteres a partir dels 17 anys, aprengué l'anglès quan feia de corrector de proves a Florència). De fet, ell i Pavese són els creadors del famós «mite d'Amèrica» a la cultura italiana del segon quart d'aquest segle. I encara és més significativa, perquè és més emblemàtica, una antologia de traduccions fetes per autors diversos que es titula precisament *Americana* (1942), on Vittorini traça una síntesi de la «cultura poètica» americana. Ara bé: com remarca agudament Pavese (*Il mestiere di vivere*, 27 de maig, 1942), la història que hi traça Vittorini de la cultura poètica americana és la *seva pròpia* història poètica i la conclusió n'és la *Conversa a Sicília*. Aquesta novel·la és —tothom hi està d'acord— la seva millor obra, i ha representat un paper important en la literatura italiana del segle, si més no perquè va mostrar (juntament amb algunes altres, però ella principalment) la possibilitat d'aquella bona novel·lística en italià que havia estat posada en dubte.

Vittorini nasqué a Sicília i visqué temps al Nord d'Itàlia, com el protagonista de la novel·la; però, com avisa l'autor mateix, l'obra no és pas autobiogràfica, de la mateixa manera que la Sicília que hi surt no és Sicília, sinó el món. Ho diu ben clar a la nota final: hi ha posat el nom d'aquesta illa mediterrània tan sols perquè li sonava més bé que no Pèrsia o Veneçuela. Tanmateix, val a dir que Sicília té alguns avantatges que no tindrien altres indrets. És un cul de món, un país pobre, origen de molta emigració (el protagonista mateix és un emigrat); això té la seva importància, com veurem. D'altra banda, en un sentit literari, Sicília és, precisament, una illa, figuració del món, i cal travessar un pas de mar per arribar-hi (primer suggeriment de viatge més enllà que trobem al llibre). I també és un món d'evocacions antigues, que emmarca bé la construcció d'una novel·la mítica com és aquesta, una terra carregada d'història i de literatura, passatge tradicional a les entranyes de la terra, una altra mare antiga. I precisament un viatge a la mare és, entre moltes altres coses, aquesta novel·la, tant en sentit psicològic com en sentit mític: s'ha escrit prou vegades; un viatge a la mare que és també un viatge fins al més enllà i fins a l'origen: ho podem veure, per exemple, al llarg passadís fosc que baixa fins al taller d'Ezechiele, «el pur cor de Sicília» i «el cor de la infància», o a totes les pujades i baixades del viatge.

Amb això ja es deu haver vist que aquesta no és pas una obra «realista». I tanmateix l'autor sovint és inclòs en el grup dels «neorealistes» de la literatura italiana. Pavese, per exemple, que podria en canvi ser-hi ficat més fàcilment, rebutja decidit aquesta inclusió. Què passa, doncs? No és pas que la *Conversa a Sicília* no parli de la realitat, dels homes i les dones, de les coses, del dolor i la bellesa del món, de com tot el que existeix és u. Però ho fa d'una manera particular, apresa de la literatura nord-americana, que consisteix a prendre com a punt de partença llocs reals, però no conformar-se amb l'al·lusió a aquests llocs, sinó anar més enllà, penetrar-los en una recerca a sota de la realitat, a les arrels, «sota les paraules» dirà i refermarà Pavese, per arribar al mite a través del símbol, per trobar «una realitat més gran», diu el nostre autor. La forma on cal incloure això Vittorini l'anomena novel·la-melodrama (no entenguem pas aquesta darrera paraula en el sentit figurat: vol dir simplement text amb música). Segons ell, mentre el melodrama pot resoldre poèticament tots els seus problemes de figuració escènica d'una acció realista, la novel·la encara no pot resoldre poèticament tots els seus problemes de representació novel·lesca del món. I això perquè la música del melodrama és capaç de convertir els fets reals en símbols d'una realitat superior.

Així, doncs, es tracta de trobar per a la prosa un ritme, una cadència que permeti crear el símbol per arribar al mite. Al mite, perquè aquesta és també una novel·la mítica, gairebé èpica. Això es nota en molts elements, ja estilístics (el·lipsi d'articles, enumeracions nominals, construcció més aviat paratàctica); també en la construcció d'un seguit d'episodis, quasi idèntics, fins i tot amb una mena de fórmules, o bé en aquell ritme basat en la repetició cadenciada; també en els epítets que posa als personatges (Gran Llombard, Mama dels Melons, l'Home de les Taronges, Amb Bigotis i Sense Bigotis, el xinès...). Els personatges no són mai persones, pròpiament: són figures, la majoria sense nom o amb noms parlants: la mare, per exemple, Concepció, que si entra a la història és a través dels seus fills, o fins i tot l'estàtua de dona al final, que ho sap tot i es mira l'escena somrient. Perquè, de fet, qui és més símbol, en aquesta obra, són les dones. No és pas allò que en podríem dir una obra feminista, no; però tampoc no és masclista, ben mirat: el paper de la dona hi és molt convencional, certament, tot i que el protagonista en certa manera es refusa un moment a veure-la així; però això simplement reflecteix la figura de la dona tant al mite com a la realitat (i encara més als anys 30). Allò que interessa a l'autor és sobrepassar aquesta distinció i arribar a la humanitat, simplement. Perquè tot és u, al món.

En aquest llibre, doncs, tot és metafòric, ja des de l'hivern i el cap inclinat del començament (si bé això ho és per força en qualsevol novel·la on es digui, i per tant no característic). Tot, potser amb l'única excepció de la «profunda misèria en la misèria del gènere humà treballador». Això data el llibre, certament. Però també cal dir de seguida que va molt més enllà. En realitat, s'enfronta decidit amb el problema del dolor, «el dolor del món ofès», i parla de la capacitat de ser homes. Totes dues coses van juntes, de fet, i això es veu especialment en la figura del «xinès», l'últim graó en una terra d'últims graons de la societat. («No és, la fam, tot el dolor del món esdevingut fam? No és, l'home en la fam, més home? No és més gènere humà?»)

Parla del dolor, doncs. Però parla també dels somnis, de les figures de «Gran Llombard», dels records agradables i forts que hom voldria salvar de la gran foguera, des del pare fins a un caminant ocasional a qui la mare, com potser diríem de broma, «va fer un favor». (Cadascú té els seus, de Grans Llombards, no cal dir-ho.)

I parla de revolta, sens dubte, de revoltes diverses: des de l'esmolet, que voldria espases i canons per esmolar, fins a Porfirio, que cerca «l'aigua viva» per netejar les ofenses del món. Parla d'homes que són homes i per això respecten els altres i pateixen pel món. Poden ser orgullosos o humils, però són sobretot homes. La càrrega subversiva que això comportava en aquella Itàlia dominada pel feixisme, per homes que pretenien ser més homes dominant cossos i ments, és ben clara. I l'al·lusió (velada, potser per causa de la censura) és certa. Però un altre cop la cosa va més enllà i aquesta càrrega subversiva la té a qualsevol lloc i en qualsevol temps. Com la bellesa.

Pavese, al seu diari (29 de desembre, 1949) es pregunta si no està gelós per l'èxit de Vittorini a Amèrica (totes les seves novel·les són traduïdes a l'anglès). I es contesta que no; que ell el guanyarà en durada. Ve a dir que Vittorini va ser l'avantguarda del període clandestí, al qual va donar el seu mite de «amors nus i vitals, furors abstractes que s'encarnen, tots en missió heroica», però que ell durarà més. No és pas del cas que em posi a fer comparacions, només ho esmentava com una anècdota curiosa. En aquesta *Conversa* segur que s'hi pot trobar alguna pega (principalment alguns xerrics en l'assumpció del caràcter simbòlic, pel meu gust; però precisament aquesta és una qüestió de gustos); ara bé: és un llibre ple de bellesa. He dit que parlava sobretot del dolor, i tanmateix és bonic, molt bonic fins i tot. Això no és pas una contradicció, més aviat és una paradoxa dels escriptors, la necessitat que tenen de posar coses terribles en un embolcall de bellesa, de *fer-ne* bellesa, al capdavall (o bé a l'inrevés, de posar les coses més boniques en un embolcall repugnant). Una paradoxa, certament; però potser tota la literatura és en bona part això: embolcallar de paraules les coses per mostrar la contradicció immensa que porten a dins.

XAVIER RIU

CONVERSA A SICÍLIA

Primera edició catalana: Barcelona, Edicions 62 s.a., 1966 (col·lecció «El Balancí», 19).

PRIMERA PART

I

Em sentia, durant aquell hivern, dominat per furors abstractes. No diré quins, perquè no és això el que m'he posat a contar. Però cal que digui que eren abstractes, no pas heroics, no pas vius; uns furors, en certa manera, pel gènere humà perdut. Feia temps que durava, i anava amb el cap cot. Veia declaracions estridents als diaris, i acotava el cap; veia uns quants amics per una hora, per dues hores, i m'estava amb ells sense dir cap paraula, i acotava el cap; i tenia una noia o muller que m'esperava, però ni tan sols amb ella deia cap paraula, també amb ella acotava el cap. Mentrestant plovia i passaven els dies, els mesos, i jo tenia les sabates foradades, amb l'aigua que m'entrava a les sabates i no hi havia res més que això: pluja, carnatge en les declaracions dels diaris, i aigua en les meves sabates foradades, amics muts, la vida en mi mateix com un son sord, i desesperança, calma.

Això era el terrible: calma en la desesperança. Creure perdut el gènere humà i no tenir ànsia de fer alguna cosa contra això, ganes de perdre'm, per exemple, amb ell. Em sentia agitat per furors abstractes, no en la sang, i estava tranquil, no tenia ganes de res. No m'importava que la meva noia m'esperés; anar-la a trobar o no, o fullejar un diccionari m'era ben igual; i sortir a veure els amics, els altres, o quedar-me a casa m'era ben igual. Estava tranquil; era com si mai no hagués tingut ni cap dia de vida, ni mai hagués sabut què pot significar ser feliç, com si no tingués res a dir, a afirmar, a negar, res que fos meu per jugar-m'ho, i res per escoltar, per donar, cap disposició a rebre, i com si mai en tots els meus anys d'existència no hagués menjat pa, begut vi, o begut cafè, com si mai no m'hagués ficat al llit amb una noia, mai no hagués tingut fills, ni hagués anat a cops de puny amb ningú, o no cregués possible res d'això, com si mai no hagués tingut una infància a Sicília entre figueres de moro i les mines de sofre a les muntanyes; sinó que m'agitava dintre meu amb furors abstractes, i imaginava perdut el gènere humà, acotava el cap, i plovia, no deia cap paraula als amics, i l'aigua m'entrava a les sabates.

II

Llavors va arribar una carta del meu pare.

Vaig reconèixer la cal·ligrafia en el sobre i no la vaig obrir de seguida, vaig entretenir-me en aquest reconeixement, i vaig descobrir que havia estat un nen, havia tingut, d'una manera o altra, una infància. Vaig obrir la carta, i la carta deia:

«Noi estimat,

»Tu saps, i tots vosaltres sabeu, que he estat sempre un bon pare, i per la vostra mama un bon marit, en fi, un bon home, però ara m'ha passat una cosa, i me n'he anat, però vosaltres no m'heu de jutjar malament, continuo essent el bon home que era, i per tots vosaltres el mateix bon pare, bon amic per la vostra mama, i d'ara endavant podré ser un bon marit per aquesta, diguem-ne, la meva nova muller amb la qual me n'he anat. Fills meus, us parlo sense vergonya, d'home a homes, i no demano el vostre perdó. Sé que no faig mal a ningú. Ni a vosaltres, que us en heu anat tots abans que jo, ni a la vostra mama, a qui només trec el destorb de la meva companyia. Amb mi o sense mi tot seguirà igual per ella, que continuarà cantant i xiulant a casa seva. Me'n vaig, doncs, sense enyorança pel meu nou camí. No us heu de preocupar pels diners o coses d'aquestes. La vostra mama no tindrà cap necessitat; rebrà, cada mes, la meva pensió sencera d'ex-ferroviari. Jo viuré de classes particulars, realitzant així també un vell somni meu que la vostra mare sempre m'havia impedit de realitzar. Però us demano, ara que la vostra mare es queda sola, que aneu a veure-la alguna vegada. Tu, Silvestro, tenies quinze anys quan ens vas deixar, i des de llavors, adéu, ja no t'has fet veure. Per què, el vuit de desembre, en lloc d'enviar-li la postal per felicitar-la pel seu sant, no agafes el tren i vas allà baix i li fas una visita? T'abraço, i al mateix temps la teva estimada muller i els nens, i creu-me, el teu afectíssim pare,

Constantino.»

Vaig veure que la carta venia de Venècia, i vaig comprendre que ens havia escrit a tots cinc, a tots els seus fills escampats pel món, amb les mateixes paraules, precises com una circular. Era extraordinari: i vaig tornar a llegir la carta, i vaig reconèixer el meu pare, la seva cara, la seva veu, els seus ulls blaus i el seu tarannà, em vaig tornar a sentir per un moment noi aplaudint-lo mentre ell recitava *Macbeth*, en una sala d'espera d'una petita estació, per als ferroviaris de tota la línia de San Cataldo a Racalmuto.

El vaig reconèixer, i també que jo havia estat un nen, vaig imaginar Sicília, les muntanyes que hi ha. Però la memòria no se'm va obrir sinó per a això sol; reconèixer-lo i tornar a veure'm noi i aplaudir-lo, a ell i el seu vestit vermell fent *Macbeth*, la seva veu, els seus ulls blaus, com si ell estigués de nou recitant en un escenari anomenat Venècia i de nou es tractés d'aplaudir-lo. Es va obrir amb prou feines per això en concret, i es va quedar de nou obturada, i jo em vaig quedar calmat en la meva desesperança, com si mai no hagués tingut quinze anys d'infància, i de Sicília, figues de moro, mines de sofre, *Macbeth*, a les muntanyes. Uns altres quinze anys havien passat després de tot allò, a mil quilòmetres d'allí, de Sicília i de la infància, i tenia gairebé trenta anys, i era com si no hagués tingut res, ni els primers quinze anys, ni els segons, com si mai no hagués menjat pa, i no m'hagués enriquit de coses i coses, gustos, sensacions en tant de temps, com si mai no hagués estat viu, i fos buit, era això, com si fos buit imaginant perdut el gènere humà i calma en la desesperança.

No tenia ganes de mirar la meva noia a la cara, fullejava el meu diccionari, únic llibre que era capaç de llegir des d'ara, i vaig començar a sentir un lament en mi, com un pifre que sonés llastimosament. Anava a la feina cada matí, al meu ofici de tipògraf-linotipista, feia set hores de linotípia cada dia, amb l'escalfor grassa del plom, sota la visera que em defensava els ulls, i un pifre sonava en mi, i removia en mi tot de rates i rates que no eren precisament records.

No eren més que rates, informes, tres-centes seixanta-cinc i tres-centes seixanta-cinc, rates fosques dels meus anys, però només dels meus anys de Sicília, a les muntanyes, i les sentia moure's en mi, rates i rates fins a quinze vegades tres-centes seixanta-cinc, i el pifre sonava en mi, i així em va venir una fosca enyorança com de tornar a tenir en mi la meva infància. Vaig tornar a agafar i vaig rellegir la carta del meu pare i vaig mirar el calendari; era el sis de desembre; hauria hagut d'escriure per al vuit l'acostumada postal de felicitació a la meva mare, no hauria tingut perdó d'oblidar-me que la meva mare era sola a casa seva.

I vaig escriure la postal de felicitació, me la vaig posar a la butxaca, era l'últim dissabte de quinzena i vaig recollir el meu salari. Vaig anar a l'estació per tirar-la al correu, vaig passar per l'entrada, era plena de llum, i a fora plovia, l'aigua m'entrava a les sabates. Vaig pujar sota la llum les escales de l'entrada, per mi m'era igual continuar sota la pluja cap a casa o pujar aquelles escales, i així vaig pujar cap a la llum, vaig veure dos anuncis. Un era d'un diari, cridant nous carnatges, l'altre era de l'Oficina de Turisme: «Visiteu Sicília. Cinquanta per cent de reducció de desembre a juny. 250 lires per a Siracusa, anada i tornada, tercera classe.»

Em vaig trobar llavors, un moment, com davant dos camins, l'un es dirigia a tornar a casa, en l'abstracció d'aquells folls carnatges, i sempre en la calma, en la desesperança, l'altre es dirigia a Sicília, a les muntanyes, en el lament del meu pifre intern, i en alguna cosa que podia encara no ser un silenci tan fosc, i una esperança tan sorda. M'era igual de totes maneres agafar-ne l'un o l'altre, el gènere humà seguia perdut igualment, i vaig saber que hi havia un tren que sortia cap al Sud a les set, al cap de deu minuts.

Sonava agut en mi el pifre, i m'era igual anar-me'n o

no anar-me'n, vaig demanar un bitllet, dues-centes cinquanta lires, i em van quedar, del salari quinzenal, acabat de cobrar, unes cent lires a la butxaca. Vaig entrar a l'estació, entre els llums, entre les altes locomotores i els mossos baladrers, i va començar un llarg viatge nocturn que per mi era igual que si fos a casa, a la meva taula, fullejant el diccionari o al llit amb la meva dona-noia.

III

Viatjava, i a Florència, a mitjanit, vaig canviar de tren, cap a les sis del matí vaig tornar a canviar una altra vegada, a Roma-Termini, i cap a migdia vaig arribar a Nàpols, on no plovia, i vaig enviar un telegrama de cinquanta lires a la meva dona.

Li vaig dir: «Torno dijous.»

Després vaig passar amb el tren per Calàbria, va tornar a ploure i a ser de nit, i vaig reconèixer el viatge, jo de noi i les meves deu fugues de casa i de Sicília, en el viatge endavant i endarrera en aquell país de fum i de galeries, i xiulets inenarrables de tren aturat, en la nit, de cara a una muntanya, al costat del mar, amb noms de somni antic, Amanta, Maratea, Gioia Tauro. I així una rata, de cop, ja no era una rata en mi, era olor, gust, cel, i el pifre sonava una mica melodiós, ja no llastimós. Em vaig endormiscar, em vaig despertar, i vaig tornar a adormir-me i a despertar-me; per fi vaig ser a bord del vaixell que feia el trajecte devers Sicília.

El mar era negre, hivernal, i dret al pont, com en un tossal, em vaig reconèixer de nou noi engolint el vent, devorant el mar cap a l'una o l'altra de les dues costes, amb les runes, en el matí plujós, ciutats, pobles, amuntegats als peus. Feia fred, i em vaig reconèixer noi, tenint fred però quedant-me tossut al pont alt, en el vent, al cim de la cursa i del mar.

Per altra banda, no et podies moure, el vaixell era ple de petits sicilians de tercera classe soferts i acostumats a tenir fred, sense abric, les mans a les butxaques dels pantalons, el coll de l'americana alçat. Havia comprat a Villa S. Giovanni alguna cosa de menjar, pa i formatge, i menjava al pont, pa, aire cru, formatge, amb gust i gana perquè reconeixia antics sabors de la meva muntanya, i fins i tot olors, estables de cabres, fum de donzell en aquell formatge. Els petits sicilians, amb l'esquena corbada al vent i les mans a les butxaques, em miraven menjar, eren de cares fosques, però soferts, amb barba de quatre dies, obrers, jornalers dels tarongerars, ferroviaris amb les gorres grises i el filet vermell dels peons. I jo, tot menjant, els somreia i ells em miraven sense somriure.

—No n'hi ha, de formatge com el nostre —vaig dir.

Ningú no em va contestar, tothom em mirava, les dones, d'abundosa feminitat, assegudes sobre grans sacs d'andròmines, els homes drets, petits i com cremats pel vent, les mans a les butxaques. I jo vaig tornar a dir:

—No n'hi ha, de formatge com el nostre.

Perquè de cop i volta em sentia entusiasmat per qualsevol cosa, per aquell formatge, de sentir-me'l a la boca, entre el pa i l'aire fort, i el gust blanc i també aspre, i antic, amb els grans de pebre, com imprevistos grans de foc en el bocí.

—No n'hi ha, de formatge com el nostre —vaig dir per tercera vegada.

Llavors, un d'aquells sicilians, el més petit i sofert, i també el més fosc de cara i el més cremat pel vent, em va preguntar:

—Però, vós sou sicilià?

—Per què en dubteu? —li vaig contestar.

L'home es va arronsar d'espatlles i no digué res més, tenia una espècie de nena, asseguda en un sac, als peus, i es va inclinar cap a ella, i va treure's de la butxaca una grossa mà rogenca i la va tocar com acariciant-la i al mateix temps ajustant-li la bufanda perquè no tingués fred.

En alguna cosa d'aquell gest vaig veure que la nena no era la seva filla, sinó la seva dona; i mentrestant Messina s'acostava, ja no hi havia un amuntegament de runes a la franja del mar, sinó cases, i edificis, i tramvies blancs i files de vagons negrosos sobre amples espais de vies. Era un matí de pluja però no plovia, tot era moll en el pont alt i el vent bufava moll, i els xiulets dels vaixells ressonaven molls, i com xiulets d'aigua s'unien des de terra als de les locomotores, però no plovia, i per l'altra banda de les xemeneies veiérem al mig de l'hivern marí la torre del far en viatge, altíssima, navegant per Villa S. Giovanni.

—No n'hi ha, de formatge com el nostre —vaig dir jo.

Tots els sicilians drets es van girar cap a la barana del pont per mirar la ciutat, i fins les dones assegudes sobre els sacs havien girat el cap per mirar. Però cap d'ells no es movia cap avall a preparar-se per al desembarcament; hi havia temps de sobres!; em vaig recordar que hi havia ben bé, des del far a l'arribada, quinze minuts, i més.

—No n'hi ha, de formatge com el nostre —vaig dir.

I mentrestant acabava de menjar, i l'home de la muller-nena s'inclinà una altra vegada i més aviat s'agenollà, tenia un cistell als peus i, mentre ella el mirava, va començar a fer no sé què entorn del cistell. El cistell anava cobert d'un tros de roba encerada cosida a la vora amb un cordill, ficà la mà sota la roba, i en va treure una taronja.

No era grossa, ni gaire bonica, ni forta de color, però era una taronja, i silenciosament, sense aixecar-se, bo i agenollat, va oferir-la a la muller-nena. La nena em va mirar, vaig veure els seus ulls dins la caputxa que feia la bufanda i després vaig veure com movia el cap.

El petit sicilià es mostrà desesperat, i es va quedar de genolls, amb una mà a la butxaca, la taronja a l'altra. Es va posar dret i així es va quedar, amb el vent que li movia la visera tova contra el nas, amb la taronja a la mà, cremat pel fred, petita persona sense abric, i desesperat, mentre just sota nostre, en el matí de pluja, passaven el mar i la ciutat.

—Messina —digué amb un lament una dona; i va ser una paraula dita sense raó; només una mena de queixa; i jo vaig observar el petit sicilià de la muller-nena com pelava desesperadament la taronja, i desesperadament se la menjava amb ràbia i de pressa, sense ganes, de fet, i sense mastegar, englotint-la i com maleint, amb els dits molls de suc de taronja en el fred, una mica corbat en el vent, amb la visera de la gorra tova contra el nas.

—Un sicilià no menja mai al matí —va dir ell, tot d'una.

I afegí:

—Sou americà, vós?

Parlava amb desesperació i al mateix temps amb suavitat, com sempre havia estat, sofert, fins en la desesperada manera de pelar la taronja i en el desesperat menjar-la. Les tres últimes paraules, les va dir excitat, en to d'estrident tensió com si li fos en certa manera necessari, per la pau de l'ànima, saber que jo era americà.

—Sí —vaig dir, veient això—. Sí que ho sóc, d'americà. De quinze anys ençà.

IV

Plovia sobre la mola de l'Estació Marítima, on esperava el petit tren que prendria; i de la munió de sicilians que havia baixat del vaixell uns quants se'n van anar, el coll de l'americana alçat, les mans a les butxaques, a través de la plaça sota la pluja; d'altres es van quedar, amb dones i sacs i cistells, com abans a bord, immòbils, drets, sota un teulat.

El tren esperava que l'allarguessin amb els vagons que havien passat el mar amb el vaixell; i això era una llarga maniobra; jo em vaig trobar prop del petit sicilià de la muller-nena, que seia de nou sobre el sac als seus peus.

Aquesta vegada ell em va somriure en veure'm, i amb tot estava desesperat, amb les mans a les butxaques, en el fred, al vent, però va somriure amb la boca, des de sota la visera de roba que li cobria la meitat de la cara.

—Tinc cosins a Amèrica —va dir—. Un oncle i uns cosins...

—Ai caram! —vaig dir jo—. I on? A Nova York o a l'Argentina?

—No ho sé —va contestar—. Potser a Nova York, potser a l'Argentina. A Amèrica.

Va dir-ho així i va afegir:

—I vós d'on sou?

—Jo? —vaig dir—. Vaig néixer a Siracusa.

I ell va dir:

—No... De quin lloc d'Amèrica?

—De... De Nova York —vaig dir jo.

Ens vam quedar un moment callats, jo amb aquesta mentida, mirant-lo, i ell mirant-me, amb els seus ulls amagats sota la visera de la gorra.

Després, gairebé amb tendresa, va dir-me:

—Com van les coses per Nova York? Van bé?

—No t'hi fas ric —vaig contestar jo.

—I què? —va dir ell—. Es pot viure bé sense enriquir-se... És millor i tot...

—Vés a saber! —vaig dir jo—. També hi ha els sense-feina...

—I què importa que n'hi hagi sense feina? —va dir ell—. No és sempre quedar-te sense feina que fa el mal... No és això... No estic pas sense feina, jo.

Va assenyalar els altres petits sicilians d'allí al voltant.

—Cap de nosaltres no hi està. Treballem... Als horts... Treballem.

Es va aturar. Va canviar de veu, afegí:

—¿Heu tornat perquè us havíeu quedat sense feina, vós?

—No —vaig dir—. He tornat per uns dies.

—Ja —va dir ell—. I mengeu al matí... Un sicilià no menja mai al matí.

I va preguntar:

—Tothom menja al matí, a Amèrica?

Hauria pogut dir que no, i que jo mateix no acostumava a menjar al matí, i que coneixia molta gent que potser no menjava més d'una vegada al dia, i que a tot arreu era igual, etc., però no li podia parlar malament d'una Amèrica on no havia anat, i que, després de tot, no era ni de bon tros Amèrica, res d'actual, ni d'efectiu, sinó una idea seva del regne dels cels sobre la terra. No podia, no hauria estat just.

—Crec que sí... —vaig contestar—. D'una manera o altra...

—I al migdia? —va preguntar llavors—. ¿Tots mengen al migdia, a Amèrica?

—Em sembla que sí —vaig dir jo—. Bé o malament...

—Pa? —va dir ell—. Pa i formatge? Pa i verdura? ¿Pa amb carn?

Era amb esperança que ell em parlava, i jo no podia dir-li que no.

—Sí —vaig dir—. Pa i alguna cosa.

I ell, petit sicilià, es va quedar mut un moment en l'esperança, després es va mirar als seus peus la muller-nena que seia immòbil, fosca, tota closa, sobre el sac i es va tornar desesperat, i desesperadament, com quan érem a bord, es va inclinar i va treure una mica de fil del cistell, en va treure una taronja, i desesperadament la va oferir, encara inclinat sobre les cames plegades, a la dona, i després del refús sense paraules d'ella, desesperadament es va sentir humiliat, amb la taronja a la mà, i va començar a pelar-la per a ell mateix, a menjar-se-la, engolint-la com si engolís maledíccions.

—Ens les menjàvem amanides —vaig dir—, nosaltres.

—A Amèrica? —va preguntar el sicilià.

—No —vaig dir—, aquí, nosaltres.

—Aquí, nosaltres? —va preguntar el sicilià—. ¿Amanides amb oli?

—Sí, amb oli —vaig dir jo—. I un escrúpol d'all i sal...

—I amb pa? —va dir el sicilià.

—És clar —vaig contestar jo—. Amb pa. Sempre les menjàvem així, fa quinze anys, quan era noi...

—Ah, en menjàveu? —va dir el sicilià—. ¿Llavors encara estàveu bé, vós?

—Així, així —vaig contestar.

I vaig afegir:

—Mai no mengeu taronges amanides, vosaltres?

—Sí, alguna vegada —va dir el sicilià—. Però no sempre hi ha oli.

—Ja —vaig dir jo—. No sempre hi ha una bona anyada... L'oli va car...

—I no sempre hi ha pa —va dir el sicilià—. Si no pots vendre les taronges, no hi ha pa. I t'has de menjar les taronges... Així, veieu?

I desesperadament menjava la seva taronja, amb els dits molls, en el fred, de suc de taronja, mirant als seus peus la muller-nena, que no volia taronges.

—Però alimenten molt —vaig dir jo—. ¿Me'n podeu vendre alguna?

El petit sicilià va acabar d'engolir, es va netejar les mans a l'americana.

—De veres? —va exclamar. I es va inclinar sobre el cistell, va furgar dins, sota la tela, em va donar quatre, cinc, sis taronges.

—Però, per què? —vaig preguntar—. ¿Tan difícil és vendre les taronges?

—No es venen —va dir ell—. Ningú no en vol.

El tren mentrestant ja era a punt, allargat amb els vagons que havien passat el mar.

—A l'estranger no en volen —va continuar el petit sicilià—. Com si portessin verí. Les nostres taronges. I l'amo ens paga així. Ens dóna taronges... I nosaltres no sabem què fer-ne. Ningú no en vol. Venim de Messina a peu i ningú no en vol... Anem a veure si en volen a Reggio, a Villa S. Giovanni i no en volen... Ningú no en vol.

Va sonar la trompeta del cap d'estació, la locomotora va xiular.

—Ningú no en vol... Anem endavant, endarrera, paguem el viatge per nosaltres i per ells, no mengem pa, ningú no en vol... Ningú no en vol.

El tren es movia, vaig saltar al marxapeu.

—Adéu-siau, adéu-siau!

—Ningú no en vol... Ningú no en vol... Com si portessin verí... Maleïdes taronges.

V

M'acabava de deixar anar al seient de fusta, en el tren en marxa, quan vaig sentir dues veus en el corredor, que parlaven entre elles del que havia esdevingut.

No s'havia esdevingut res que fos un esdeveniment real, cap fet, ni tan sols un gest; només un home, aquell petit sicilià, m'havia llançat entre cap i coll les seves últimes paraules, el final de la seva història, quan ja no quedava temps i el tren es posava en marxa. Només això: paraules. I vet aquí que dues veus parlaven de l'esdeveniment:

—Però, què volia aquell tipus?

—Semblava que protestés...

—Se les havia amb algú.

—Diries que se les havia amb tothom...

—I tant que ho diria; era un mort de gana...

—Si arriba a pujar li tanco la boca.

Eren dues veus de cigar, fortes, que s'arrossegaven, dolces en dialecte. Parlaven en sicilià, en dialecte.

Vaig treure el cap al corredor i els vaig veure a la finestreta, dos homes massissos, quadrats, amb barret i abric, un amb bigotis, l'altre sense, dos sicilians de tipus carreter, ben posats, florits, presumptuosos de la nuca al capdavall de l'esquena, però també amb no sé què de sinuós i tou, que, potser, en el fons, era timidesa.

«Dos barítons», em vaig dir entre mi. I un, en efecte, el que no duia bigotis, tenia veu més aviat de barít3on, cantadora i sinuosa.

—No hauries fet altra cosa que el teu deure —va dir aquell.

L'altre tenia només la veu ronca del cigar, rera els seus bigotis, però dolça de dialecte.

—Naturalment —va dir—. No hauria fet altra cosa que el meu deure.

Vaig ficar-me de nou al compartiment, però em vaig quedar escoltant-los, pensant, en la variació de les veus, baríton, ronc, les dues cares, sense bigotis, amb bigotis.

—Als tipus d'aquesta mena, sempre se'ls ha de tancar la boca —va dir Sense Bigotis.

—Efectivament —va dir Amb Bigotis—. Mai no se sap.

—Cada mort de gana és un home perillós —va dir Sense Bigotis.

—I tant! Capaç de tot —va dir Amb Bigotis.

—De robar —va dir Sense Bigotis.

—Això per començar! —va dir Amb Bigotis.

—Clavar ganivetades —va dir Sense Bigotis.

—De segur —va dir Amb Bigotis.

—I tirar per la delinqüència política —va dir Sense Bigotis.

Es van mirar fit a fit, es van somriure, ho vaig veure en la cara de l'un i en l'esquena de l'altre, i així van continuar parlant, Amb Bigotis i Sense Bigotis, d'allò que entenien per delinqüència política. Semblava que ho entenien com la manca de respecte, de consideració, van dir, i van acusar, sense ressentiments, la humanitat sencera, van dir que la humanitat havia nascut per a delinquir.

—De qualsevol classe... de qualsevol estament... —va dir Amb Bigotis.

I Sense Bigotis:

—Siguin ignorants... siguin instruïts...

I Amb Bigotis:

—Siguin rics... siguin pobres...

Sense Bigotis:

—Cap diferència...

Amb Bigotis:

—Botiguers...

Sense Bigotis:

—Advocats...

Amb Bigotis:

—El meu cansalader, a Lodi...

Sense Bigotis:

—I a Bolonya, un advocat...

De nou es van mirar fit a fit, de nou es van somriure, i de nou ho vaig veure en la cara de l'un i en l'esquena de l'altre, i els vaig sentir en la remor de la carrera entre els tarongers i el mar com s'explicaven d'aquell cansalader a Lodi i d'aquell advocat a Bolonya.

—Veus —va dir Amb Bigotis—, no tenen cap respecte.

—No tenen consideracions —va dir Sense Bigotis.

I Amb Bigotis:

—A Lodi, el meu barber...

I Sense Bigotis:

—L'amo de la casa, a Bolonya...

I es van explicar d'aquell barber de Lodi i d'aquell amo de la casa a Bolonya, i Amb Bigotis va dir que una vegada havia parat els peus a aquell barber seu i l'havia engarjolat durant tres dies, i Sense Bigotis va dir que havia fet el mateix amb el seu carnisser a Bolonya, i jo amb les seves veus vaig sentir que estaven satisfets, commoguts de satisfacció i gairebé a punt de llançar-se l'un al coll de l'altre en la satisfacció comuna d'això que sabien fer: parar els peus i engarjolar.

I es van contar tot de petits fets, sempre sense ressentiment, sempre amb un lament, i al final amb satisfacció, després es van quedar tots perplexos i es van preguntar per què, després de tot, la gent se'ls mirava malament.

—Doncs, és perquè som sicilians —va dir Amb Bigotis.

—Això mateix, perquè som sicilians —va dir Sense Bigotis.

Van parlar del fet de ser sicilians a Lodi, i sicilians a Bolonya, i de cop Sense Bigotis va deixar anar com un crit de dolor, va dir que al poble, a Sicília, encara era pitjor.

—Oh, i tant! Encara és pitjor! —va dir Amb Bigotis.

I Sense Bigotis:

—A Sciacca, jo...

I Amb Bigotis:

—A Mussumeli, jo...

Van explicar com era de pitjor a Sciacca i a Mussumeli, i Sense Bigotis va dir que la seva vella mare mai no deia allò que era, li feia vergonya dir-ho, i deia que era funcionari del Cadastre.

—Funcionari del Cadastre! —va dir.

—És qüestió de prevencions —va dir Amb Bigotis.

—Prou que ho sé... Vells prejudicis —va dir Sense Bigotis.

I van dir com era d'impossible viure al poble.

Corria el tren amb soroll entre els tarongers i el mar, i Sense Bigotis va dir:

—Quins tarongers!

I Amb Bigotis va dir:

—Quin mar!

I tots dos van dir com era de bonic el seu poble, Sciacca, Mussumeli; però de nou van dir que no s'hi podia viure.

—Jo no sé pas per què hi torno —va dir Amb Bigotis.

—Que potser ho sé, jo? —va dir Sense Bigotis—. Tinc la dona bolonyesa, els fills bolonyesos... I amb tot...

I Amb Bigotis va dir:

—Així que tinc un permís, no falla; cada any...

I Sense Bigotis:

—No falla... Sobretot aquest mes de Nadal.

I Amb Bigotis:

—Sobretot aquest mes. I total per què?

I Sense Bigotis:

—Per rabiar com un gos...

I Amb Bigotis:

—Per fer-te mala sang...

Aquí, la porta del compartiment va tancar-se amb força, diries tancada amb una empenta, per un que seia al meu davant.

Les veus es van fondre, truncades de cop, en la remor de la carrera. I el tren volava pels boscos de tarongers, de cara a les muntanyes, al costat del mar. Apareixia i desapareixia una neu alta, lluny; el cel era clar, netejat pel vent, ja sense pluja, encara que sense sol; i vaig reconèixer aquella carrera, vaig veure que érem a mig camí entre Messina i Catània. I ja no sentia les dues veus a fora; vaig mirar al voltant, amb ganes de trobar uns altres sicilians.

VI

—No sentíeu la pudor? —va dir l'home del meu davant.

Era un sicilià, alt, un llombard o normand potser de Nicòsia, també ell un tipus de carreter com aquells de les veus del corredor, però autèntic, obert i alt, i amb els ulls blaus. No era jove, d'una cinquantena, i jo vaig pensar que el meu pare potser se li assemblava, si bé el meu pare jo el recordava jove, i esvelt, magre, recitant el *Macbeth*, vestit de vermell i negre. Devia ser de Nicòsia o Aidone; parlava el dialecte encara avui quasi llombard, amb la *u* llombarda, d'aquells llocs llombards del Val Demone: Nicòsia o Aidone.

—No sentíeu la pudor? —va dir ell.

Tenia una petita barba de pebre i sal i els ulls blau clar, el front olímpic. Anava sense americana, en el fred compartiment de tercera classe, un tipus de carreter només per això potser, per res més, i tenia un nas arremangat sobre el pèl escàs del bigoti i de la barba, però embarretat com un home antic, sense americana, en mànigues de camisa de quadrets foscos i una armilla grossa, marró, amb sis butxaquetes.

—La pudor? Quina pudor? —vaig preguntar.

—Com? No la sentíeu? —va dir ell.

—No ho sé —vaig contestar—. No entenc de quina pudor parleu.

—Oh! —va dir ell—. No entén de quina pudor li parlo.

I es va girar cap als altres del compartiment.

Els altres eren tres.

Un de jove, amb un barret tou, embolicat amb una bufanda, groc de cara, escardalenc, menut; seia a l'angle extrem, contra la finestreta.

Un altre, també jove, era sanguini, fort, amb els cabells encrespats i negres, el coll negre, segurament un home de ciutat, de segur un catanès; i seia a l'altre cap del meu seient, de cara al malalt.

El tercer era un vell petit sense pèl a la cara, i fosc, amb la pell coriàcia, d'escates cúbiques, com una tortuga, i increïblement petit i eixut: una fulla seca. Havia pujat a Roccalumera i seia, si es podia dir que seia, al caire del seient, entre el gran llombard i el malalt, amb el braç de fusta, que hauria pogut aixecar i no havia aixecat, contra l'esquena.

A ell especialment, girant-se cap als altres, es va adreçar el gran llombard.

—No sap de quina pudor parlo! —va dir el Gran Llombard.

Va arribar, un so, com un buf, de xiulets incipients, esmorteïts, sense consistència de veu:

—Hi!

Era el vellet, que reia. Però ara no reia. Reia amb els ulls, des del primer moment que havia pujat: amb els ulls aguts, vius, rient amb fixesa, mirant enfront seu, a mi, al seient, al jove catanès i rient: feliç.

—Increïble! No sap de quina pudor parlo! —va dir el Gran Llombard.

Tots em van mirar a mi, riolers, el malalt amb l'esquàlida rialla de malalt.

—Ha! —vaig dir, també rioler—. De veres que no ho entenc... No sento cap pudor...

Llavors va intervenir el catanès.

Es va doblegar, sanguini, amb el gran cap encrespat, gros de cuixes i de braços, sabates enormes, i va dir:

—El senyor parla de la pudor que venia del passadís.

—Venia pudor del passadís? —vaig dir jo.

—Però home! És increïble —va cridar el Gran Llombard—. No la sentia?

I el catanès va dir:

—El senyor parla de la pudor d'aquells dos...

—Aquells dos? —vaig dir jo—. ¿Aquells dos de la finestreta? Feien pudor? Quina mena de pudor?

Vaig sentir de nou el so mort, sense solidesa de veu, del vell minúscul i vaig veure que la seva boca era com una escletxa de guardiola. També vaig veure el malalt, impassible, en la seva silenciosa hilaritat, dins la seva bufanda; vaig veure el Gran Llombard gairebé furiós, però amb els ulls alegrois, que semblaven els ulls blau clar del meu pare.

Vaig entendre llavors què era allò de la pudor i vaig riure.

—Ah, la pudor! —vaig dir—. La pudor!

Tots ens vam sentir alegres i satisfets, tranquils, però al corredor aquells dos tornaven on havien estat criatures, al seu poble.

—És estrany —vaig dir—. No hi ha cap lloc al món on siguin més mal vistos que a Sicília... I en canvi, quasi tots els qui fan aquest ofici, a Itàlia, són sicilians.

—Tots sicilians? —va exclamar el Gran Llombard.

—Oh, i tant! —vaig dir jo—. Fa quinze anys que dono voltes per Itàlia... He viscut a Florència, a Torí, i ara visc a Milà, i a tot arreu on m'he trobat un sicilià feia aquest ofici...

—Cert, també ho diu així el meu cosí que viatja —va observar el catanès.

I el Gran Llombard va dir:

—Mira, comptat i debatut és comprensible... Som una gent trista, nosaltres...

—Trista? —vaig dir jo, i em mirava el vellet de la cara riolera, amb els ulls petits formiguejants de tant riure.

—Molt trista... —va dir el Gran Llombard—. Lúgubre, fins i tot... Sempre disposats, tots, a veure-ho tot negre...

Jo em mirava la careta del vell, no deia res, i el Gran Llombard prosseguí:

—Sempre esperant no sé què, alguna cosa millor, sempre desesperats de poder-la atrapar... Sempre descontents. Sempre vençuts... I sempre amb la temptació al cos de treure's la vida.

—Sí, és cert —va dir el catanès amb serietat.

I es va posar a mirar-se les puntes de les sabates enormes. I jo, sense treure la mirada de la carona del vell, vaig dir:

—Potser és veritat... Però, què té a veure amb anar a fer aquell ofici?

I el Gran Llombard va dir:

—Em sembla que hi té a veure per moltes raons... Em sembla que hi té a veure... No sé com explicar-ho, però em sembla que hi té a veure. Què fa un hom quan s'abandona? Quan es llança de cap donant-ho tot per perdut? Fa allò que més odi li fa... Em sembla que és això... Em sembla que és comprensible que siguin quasi tots sicilians.

VII

Després, el Gran Llombard va explicar les seves coses, venia de Messina, on s'havia fet visitar per un especialista d'una malaltia especial de ronyons, i tornava a casa, a Leonforte, era de Leonforte, a Val Demone, entre Enna i Nicòsia, cra l'amo d'unes terres, amb tres filles, unes dones boniquíssimes, ho va dir així, tres filles, unes dones boniquíssimes, i tenia un cavall i amb ell corria les seves terres, i en aquells moments, de tan alt com era el seu cavall, magnífic, en aquells moments es creia un rei quan muntava a cavall, i hauria volgut adquirir un altre coneixement, ho va dir així, adquirir un altre coneixement, i sentir-se diferent, amb alguna cosa de nou a l'ànima, hauria donat tot allò que posseïa, fins i tot el cavall, i les terres, per tal de sentir-se més en pau amb els homes, com un, ho va dir així, com un que no té res per retreure's.

—I no és que jo tingui res de particular per retreure'm —digué—. De fet, no res... I ni tan sols parlo en sentit de sagristia... Però no em sembla que estic amb pau amb els homes.

Hauria volgut tenir una consciència fresca, ho va dir així, fresca, i que li demanés d'acomplir uns altres deures, no els acostumats, uns altres, deures nous, i més alts, de cara als homes, perquè en l'acompliment dels acostumats no hi havia satisfacció i et quedaves com si no haguessis fet res, descontent de tu, desil·lusionat.

—Em sembla que l'home està madur per a unes altres coses —va dir—. No sols per no robar, no matar, etcètera, i per ser un bon ciutadà... Em sembla que està madur per a altres coses, per a uns nous, per a uns altres deures. I això és el que se sent, la manca d'uns altres deures, altres coses per a acomplir... Coses que s'han de fer per la nostra consciència d'un nou sentit.

Callà i va parlar el catanès.

—Sí, senyor —digué.

I es mirava les puntes enormes de les sabates.

—Sí —digué—, em sembla que teniu raó.

I es mirava les sabates, sanguini, ple de salut, però amb una tristesa d'animal vigorós insatisfet, cavall o bou, i de nou va dir «sí», convençut, persuadit, com si li haguessin donat un nom per la seva malaltia, i no va dir res més, i no va contar coses seves, i només va afegir, va preguntar:

—Sou professor, vós?

—Jo, professor? —exclamà el Gran Llombard.

I el vellet del seu costat va fer sentir el seu «hi!» de fulla seca, sense cos de veu. Semblava que fos un feix sec que parlés:

—Hi! —va fer—. Hi!

Per dues vegades. I tenia els ulls aguts, formiguejants de rialles, en la cara coriàcia, i fosca, com una closca de tortuga.

—Hi! —va fer amb la boca com una escletxa de guardiola.

—No són coses de riure, avi, no són coses de riure —va dir, girant-se, el Gran Llombard, i va tornar a contar les seves coses, de cap i de nou, del seu viatge a Messina, dels seus poders sobre Leonforte, de les seves tres filles, unes dones molt boniques, cadascuna més que l'altra, va dir-ho així aquesta vegada, i del seu cavall alt i magnífic, i d'ell mateix que no se sentia en pau amb els homes; i exclusivament, aquesta vegada, al vell que se'l mirava i reia i feia «hi!», un soroll de xiulet incipient, sense cos de veu.

—Però, per què? —va dir el Gran Llombard en un moment donat—. Per què seieu d'una manera tan incòmoda? Això es pot aixecar.

I va aixecar el braç de fusta contra el qual el vellet s'asseia a la punta del seient.

 —Això es pot aixecar —va dir el Gran Llombard.

El vellet es va girar i es va mirar el braç de fusta aixecat i va fer de nou «hi!» un parell de vegades, però es va quedar assegut, incòmode, a la punta, aguantant-se amb les seves manetes coriàcies sobre un bastó de fusta nuosa i gairebé tan alt com ell, amb el puny amb un cap de serp.

En aquell moviment de girar-se a mirar el braç de fusta vaig veure el cap de serp, i llavors vaig veure verdor a la boca d'aquell cap de serp, tres fulletes d'un ramet de taronger, i el vellet em va veure i va fer de nou «hi!» i va agafar el ramet de taronger i se'l va posar a la seva boca, a la seva boca d'escletxa de guardiola, també el seu era un cap de serp.

—Doncs, jo crec que és això precisament —va dir el Gran Llombard, parlant ara a tots en general—. Ja no sentim satisfacció de fer el nostre deure, els nostres deures... Acomplir-los ens és indiferent. Ens hi trobem malament igual. I jo crec que és precisament això... Perquè són deures massa vells, massa vells i que s'han tornat massa fàcils, sense cap mena de significat per a la consciència...

—Però, de veritat que no sou professor, vós? —va dir el catanès.

Era sanguini, un bou, i amb tristesa de bou continuava mirant-se la punta de les sabates.

—Jo, professor! —va dir el Gran Llombard—. ¿Tinc l'aire d'un professor? No sóc un ignorant, puc llegir un llibre, si vull, però no sóc un professor. Vaig anar als Salesians, de noi, però no sóc un professor...

Així vam arribar a l'última estació abans de Catània, ja als suburbis de la gran ciutat de pedra negra, i el vellet que feia «hi!» com un bri sec va baixar; i després vam arribar a Catània, hi havia sol als carrers de pedra negra que passàvem, carrers i cases, pedra negra, a pic sota el tren, i arribàvem a l'estació de Catània, i el catanès va baixar i també el Gran Llombard va baixar i, traient el cap per la finestra, vaig veure que també Amb Bigotis i Sense Bigotis havien baixat.

Tot el tren va baixar, en realitat, i el viatge va prosseguir només amb els vagons buits al sol, i em vaig preguntar per què no havia baixat també jo.

Tenia, de totes maneres, el bitllet fins a Siracusa, vaig seguir el viatge en el vagó buit, al sol, a través de la plana buida. I des del corredor, en tornar al compartiment, em vaig quedar sorprès de trobar, quiet al seu lloc embolicat amb la bufanda, amb el barret lleuger de feltre al cap, el jove de la cara groga de malalt, i amb ell, mirant-me a ell que em mirava, sense dir ni una paraula, però content de ser amb ell, vaig viatjar i viatjar, al sol per la plana buida, fins que la plana es va cobrir de verd malària, i vam arribar a Lentini, al peu de llargs pendissos de tarongers i malària, i el jove embolicat amb la bufanda va baixar i es va estremir de fred sota el sol, a l'andana deserta, esquàlid de malària.

I em vaig trobar sol, i el camp es va fer de roques cap a Siracusa al costat del mar, però després vaig alçar els ulls i a fora vaig veure Sense Bigotis, dret, al corredor, que em mirava.

VIII

Em va somriure.

S'estava al corredor amb l'esquena al sol, i amb els camps de roques i el mar a l'esquena, i érem tots dos, jo i ell, en tot el cotxe, potser en tot el tren, en el camí pels camps buits.

Em somrigué amb la seva cara de fumador de cigars, sense bigotis, i gros en el seu abric color d'albergínia, el barret color d'albergínia, va entrar i es va asseure.

—Amb el vostre permís —digué, quan es va haver assegut.

—Caram! —vaig contestar—. És clar que sí.

I ell es quedà content de poder continuar assegut amb el meu permís, content no ja del fet en si de seure —hi havia tot un cotxe per seure—, sinó del fet de seure allí, on hi havia un altre, un home.

—Em semblava que us havia vist baixar a Catània —vaig observar.

—Ah, m'heu vist? —va dir ell, content—. És que he acompanyat un amic meu al tren de Caltanissetta. He pujat altre cop a l'últim minut.

—Vet aquí —vaig dir jo.

—He tornat a pujar a l'últim cotxe.

—Vet aquí —vaig dir jo.

—Per poc no se m'escapa.

—Vet aquí —vaig dir jo.

—I al mig hi havia un cotxe de primera i segona —va

dir ell—. I m'ha tocat quedar-me allí baix, lluny de les maletes.

I jo vaig dir:

—Vet aquí.

—Però a Lentini he baixat i me n'he vingut cap aquí —va dir ell.

I jo vaig dir de nou:

—Vet aquí.

I ell no digué res més, es va quedar un moment callat, content, satisfet d'haver-ho explicat tot. Després va sospirar, va somriure i digué:

—Em sentia preocupat per les maletes!

—És clar —vaig dir jo—. Mai no pots estar tranquil...

—Oi que sí? —va dir ell—. No pots estar mai tranquil... Amb aquesta genteta que corre.

—Sí —vaig dir jo—, amb aquesta genteta...

—Com aquell que ha baixat a Lentini —va dir ell—. Que l'heu vist?

—Qui? —vaig dir jo—. ¿Aquell embolicat amb la bufanda?

—Sí —va dir ell—. Aquell de la bufanda... ¿Que no feia cara de delinqüent?

No vaig contestar, i ell sospirà, mirà al voltant, llegí tots els rètols d'esmalt del compartiment, i mirà els camps buits corbats, veloços i iguals, amb el rocam pelat al llarg del mar i després va somriure i digué per fi:

—Sóc un funcionari del Cadastre!

—Ah! —vaig dir jo—. De veres? I... què feu? ¿Us en aneu de vacances a casa?

—Sí —va contestar ell—. Vaig de permís... Vaig a Sciacca, al poble.

—A Sciacca —vaig dir jo—. I veniu de lluny?

—De Bolonya —va contestar—. Estic col·locat allí. I la meva dona és bolonyesa. I els meus fills també.

Se sentia content. I jo vaig dir:

—I aneu a Sciacca per aquí?

—Sí, per aquí —va dir ell—. Siracusa, Spaccaforno, Modica, Genisi, Donnafugata...

—Vittoria, Faconara —vaig dir jo—. Licata.

 —Aaaaah! —va dir ell—. Girgenti...

—Agrigent, si us plau —vaig dir jo—. ¿Però si seguíeu per Caltanissetta no us anava més bé?

—Sí, m'anava més bé —va dir ell—. I m'estalviava vuit lires. Però per aquest camí vas sempre pel costat del mar...

—Us agrada el mar? —li vaig preguntar jo.

—No ho sé —va contestar ell—. Em sembla que m'agrada. De totes maneres, la línia m'agrada...

I va sospirar i va somriure, després es va alçar i va dir:

—Em permeteu?

Va anar al compartiment veí i va tornar amb un cistell de berenar de col·legial, però de fibra, i se'l posà sobre els genolls, sobre les curtes cames, el va obrir, en va treure pa i va somriure.

—Pa —digué—. He! He!

Després va treure una gran truita i de nou va somriure.

—Una truitada —va dir.

Jo li vaig somriure en resposta. I ell amb un trempaplomes va tallar la truita en dos bocins, i me'n va oferir un.

—Oh, gràcies! —vaig dir jo, esgrimint la meva mà contra la seva, armada de truita.

I ell es va emmurriar.

—Com? —digué—. Que no voleu acceptar?

—No tinc gana! —vaig dir jo.

I ell:

—Que no teniu gana? Viatjant sempre se'n té, de gana.

I jo:

—Però no és hora encara. Menjaré a Siracusa.

I ell:

—Molt bé. Comenceu ara. A Siracusa continuareu.

I jo:

—No pot ser. Em traurà la gana.

I ell es posava cada cop més tibat. Insistia.

—Oh! Sóc un funcionari del Cadastre! —va dir de nou. I afegí—: No em feu aquest tort! Accepteu...

Vaig acceptar i vaig menjar amb ell la truita, i va ser feliç, i jo en certa manera també ho vaig ser, content, en certa manera, de fer-lo content, mastegant truita i enllardant-me de truita les mans, com ell. Mentrestant havia passat Augusta amb el seu turó de cases mortes al mig del mar, rera velers i barques, rera les salines, sota el sol, i s'acostava Siracusa, viatjàvem pels camps buits, pel costat del mar de Siracusa.

—Menjareu amb més gana, a Siracusa —va dir ell. I afegí—: Hi baixeu?

—Baixo allí —vaig contestar jo.

—Viviu allí? —va dir ell.

—No —vaig contestar—. No hi visc.

—Però no hi teniu ningú, a Siracusa? —va dir ell.

—No —vaig contestar.

—Hi aneu per negocis, doncs? —va dir ell.

—No —vaig contestar jo—. No.

Em va mirar desorientat, menjant truita, mirant com em menjava la seva truita, i jo vaig dir:

—Teniu una veu de barítón ben bonica, vós.

I es va tornar vermell.

—Oh! —va dir.

—Per què? No ho sabíeu?

—Oh, és clar que ho sabia —va dir ell, vermell i content.

I jo vaig dir:

—Naturalment. No podíeu haver viscut fins ara sense saber-ho. Llàstima que sigueu funcionari del Cadastre en lloc de cantar...

—És clar —va dir ell—. Ja m'hauria agradat... En el *Falstaff*, en el *Rigoletto*, a tots els escenaris d'Europa.

—O per les carreteres, què importa? Sempre millor que ser un funcionari —vaig dir jo.

—Oh, potser sí... —va dir ell.

I callà, una mica desconcertat, i es va quedar en silenci, mastegant, i rera la corba dels descampats de roques, contra el mar, aparegué la roca del Duomo de Siracusa.

—Vet aquí Siracusa —vaig dir jo.

Ell em va mirar i va somriure.

—Ja hi heu arribat, doncs —observà.

Ens vam saludar, el tren entrava a l'estació.

—Espero que trobaré aviat la correspondència —digué ell.

I jo vaig baixar a Siracusa, el lloc on havia nascut i d'on havia sortit quinze anys abans, una estació de la meva vida. De nou, l'home que es deia funcionari del Cadastre, és a dir, Sense Bigotis, tot baixant les seves maletes, em va saludar.

—A reveure —em va dir—. Però, què hi fareu, a Siracusa?

Jo era ja prou lluny per no contestar-li i no li vaig contestar, i em vaig allunyar cap a la sortida i no el vaig veure més.

I vaig ser a Siracusa.

Però, què hi faria, a Siracusa? Per què havia vingut a Siracusa? Per què havia pres el bitllet per a Siracusa i no per a una altra banda? La veritat és que m'havia estat indiferent cap a on el prenia. I, en veritat, trobar-me a Siracusa o en una altra banda m'era indiferent. Per mi era igual. Era a Sicília. Visitava Sicília. I fins i tot podia tornar a pujar al tren i tornar a casa.

Però havia conegut l'Home de les Taronges, Amb Bigotis i Sense Bigotis, el Gran Llombard, el catanès, el petit vell amb veus de bri sec, el jove malàric abrigat amb la bufanda, i em va semblar que no m'era indiferent ser a Siracusa o en una altra banda.

—Que beneit —em vaig dir—. I per què no me n'anava a veure la meva mare? Amb els mateixos diners i el mateix temps, a les muntanyes...

I em vaig trobar a la mà la postal amb la felicitació per a la meva mare, vaig pensar que érem dia vuit.

«Quin desastre! —vaig pensar—. Pobra vella! Si no l'hi porto jo no li arribarà pas avui mateix.»

I me'n vaig anar a l'estació dels trens secundaris a veure si tenia prou diners per continuar el viatge fins a ca la meva mare, a les muntanyes.

SEGONA PART

IX

A les tres, en el sol de desembre, rera el mar que escopetejava bo i amagat, el trenet entrava, tot de petits vagons verds, en una gola de roques i després a la selva de les figueres de moro. Era la línia secundària, a Sicília, des de Siracusa cap a les muntanyes: Sortino, Palazzolo, Monte Lauro, Vizzini, Grammichele.

Començaren a passar les estacions, casalots de fusta amb el sol sobre el barret vermell del cap d'estació, i la selva de figueres de moro s'obria, s'estrenyia, altes com forques. Eren de pedra blau cel, files de figueres de moro, i quan trobaves una ànima vivent era un xicot que anava o tornava, al llarg de la vida, per collir els fruits coronats d'espines que creixien, coral, sobre la pedra de les figueres de moro. Cridava al tren quan el tren li passava al davant.

El vent bufava entre les coves d'aquella floresta; el senties, a les parades, com sonava, i a l'altre cantó de mar, un vent que crepitava. Després brandava un tros de bandereta vermella, arribaves, parties. I rera les figueres de moro apareixien cases; el tren s'aturava sobre les arcades d'un pont, i del pont, girant, deixava enrera l'escalinata dels terrats; travessaves un túnel, i et trobaves de nou entre les figueres de moro i esculleres de roca, i de nou no trobaves cap ànima vivent, sinó un xicot.

Ell cridava, al tren, mentre el tren li passava al davant; i el sol era damunt el seu crit, sobre la bandereta vermella, sobre el barret vermell del cap d'estació.

De sobte, després, el barret vermell, la bandereta vermella, el crit del xicot van aparèixer sense sol, i sota les figueres de moro era fosc, va aparèixer un llum. Un ase cendrós passava un camí ple d'aigua; i pujàvem, i travessàvem túnels, vèiem llargues carenes de muntanyes, i a les parades, en una fondalada, quatre llums, cinc llums, els pobles.

Després va sentir-se la fressa d'un torrent, i una veu va dir:

—Som a Vizzini.

I la fressa del torrent es va fixar als peus del tren, ens havíem aturat, vam baixar al costat de l'aigua, en plena nit, i per una banda hi havia la muntanya i per l'altra el cel.

Allò era Vizzini i hi vaig passar la nit, en una habitació d'hostal que feia olor de garrofes. L'autobús que havia de prendre no hi era, i jo tenia son de dues nits, i fred, i no m'importava no haver trobat l'autobús, només m'importava dormir, i vaig dormir allà mateix, profundament, com enterrat sota aquella olor de garrofes. I em vaig alçar l'endemà, fet de garrofes jo també, amb aquella olor en mi, amb la llum que entrava per la finestra sense porticons, i vaig viatjar com si el son continués, amb l'autobús, pel costat del torrent, des de Vizzini, alta entre les tres valls, cap amunt a les muntanyes, per tres hores, fins que un va dir:

—Neve.

I vaig arribar-hi.

X

«Ves —vaig pensar—, sóc a casa la mare!», quan vaig baixar de l'autobús i em vaig trobar al peu de la llarga escala que duia als barris enlairats del poble de la meva mare.

El nom del poble era escrit en una paret, com a les postals que jo enviava a la meva mare, i la resta, aquella escala entre les velles cases, les muntanyes al voltant, les taques de neu sobre les teulades, era davant els meus ulls, com de cop recordava que ho havia estat una vegada o dues en la meva infància. I em va semblar que ser allí no m'era indiferent, i em vaig sentir content d'haver vingut, de no haver-me quedat a Siracusa, de no haver tornat a agafar el tren cap a l'Alta Itàlia, de no haver acabat encara el meu viatge. Això era el més important de ser allí: no haver acabat el meu viatge; ben al contrari, potser, només l'havia començat; perquè així ho sentia, almenys mirant la llarga escala, i a dalt les cases i la cúpula, i el pendís de cases i roca, i les teulades, a la vall del fons, i el fum d'algun teulat, les taques de neu, la palla, i la petita colla de noiets sicilians descalços per la crosta de glaç que hi havia a terra, sota el sol, al voltant de la font de ferro colat.

«Ves, sóc a casa la meva mare», vaig pensar de nou, i ho trobava inesperat, de ser-hi, com inesperats ens retrobem en un punt a la memòria, i a més fabulós, i em creia que havia entrat a viatjar en una quarta dimensió. Semblava que no hagués existit res, o només un son, un parèntesi de l'ànima, entre ser a Siracusa i ser allí, i que ser allí fos efecte de la meva decisió, d'un moviment de la meva memòria, no del meu cos, i així també el matí, en ser allí, i també el fred de la muntanya, i el plaer de ser-hi; i ni tan sols sentia remordiments de no haver-hi pogut ser el vespre abans, a temps pel sant de la meva mare, com si aquella llum fos encara la del dia 8 i no la del dia 9, i fos un dia en una quarta dimensió.

Sabia que la meva mare vivia als barris enlairats, recordava que havia pujat aquella escala, quan hi anàvem a trobar els avis a la meva infància, i vaig començar a pujar. Hi havia feixos de llenya davant els esglaons d'algunes cases, i vaig pujar, i de tant en tant hi havia un serrell de neu, i en el fred, en el sol del matí, gairebé a migdia ja, vaig arribar finalment a dalt, sobre l'immens poble de muntanya i les valls clapades de neu. No es veia ningú, només criatures descalces amb els peus ulcerats de penellons, i vaig voltar rera les cases més altes, per la cúpula de l'Església Major, que també reconeixia, antiga, en la meva memòria.

Vaig caminar amb la postal de felicitació a la mà, hi tenia el nom del carrer i el número de la casa de la meva mare, i podia anar-hi de dret, guiat per la postal en la meva recerca, com un carter, i una mica també per la memòria. En alguna botiga que vaig trobar, amb sacs i barrils, vaig preguntar a més, i així vaig arribar de visita a casa de la senyora Concezione Ferrauto, la meva mare, buscant-la com un carter, amb la postal de felicitació a la mà i el nom, Concezione Ferrauto, als llavis. La casa era l'última del carrer indicat, sobre un petit jardí amb una escala externa. Vaig pujar, en el sol, vaig mirar una vegada més l'adreça a la postal, i vaig ser a casa la meva mare, vaig reconèixer la llinda, i no m'era indiferent ser-hi, era en la plenitud del viatge en la quarta dimensió.

Vaig empènyer la porta i vaig entrar a casa, i d'una altra cambra una veu va dir:

—Qui hi ha?

I jo vaig reconèixer aquella veu, feia quinze anys que no la recordava, la mateixa de quinze anys abans, ara que ho recordava: era alta, clara, i vaig recordar la meva mare parlar en la meva infància des d'una altra cambra.

 —Senyora Concezione —vaig dir.

XI

La senyora va comparèixer, alta, amb un cap clar, i jo vaig reconèixer perfectament la meva mare, una dona alta amb els cabells castanys quasi rossos i l'oval dur, i el nas dur, i els ulls negres. Portava sobre les espatlles una manta vermella per abrigar-se.

Vaig riure:

—Bé, doncs, felicitats! —vaig dir.

—Oh, ets Silvestro! —va dir la meva mare, i se m'acostà.

Jo li vaig fer un petó filial a la galta, ella em va besar a la galta i em va dir:

—Què dimoni et porta cap aquí?

—Com t'ho has fet per reconèixer-me? —vaig dir jo.

La meva mare reia.

—Jo també m'ho pregunto —va dir.

Venia olor d'arengada a la brasa, i la meva mare va afegir:

—Anem a la cuina... Tinc l'arengada al foc.

Vam anar a l'habitació del costat, on el sol batia sobre el respatller de ferro fosc del llit, i d'allí a la petita cuina, on el sol batia sobre cada cosa. A terra, sobre un escambell de fusta, hi havia encès un braser d'aram. L'arengada s'hi coïa, fumant, i la meva mare es va inclinar per girar-la.

—Ja veuràs que bona és —va dir.

—Sí —vaig dir jo, i respirava l'olor de l'arengada, i no m'era indiferent, m'agradava, reconeixia l'olor dels àpats de la meva infància.

—Em sembla que no hi ha res de més bo —vaig dir. I vaig preguntar—: En menjàvem, quan jo era noi?

—No menjàvem altra cosa —va dir la meva mare—. Arengades a l'hivern i pebrots a l'estiu. Era sempre el nostre menjar. No te'n recordes?

—I les faves amb cards? —vaig dir jo recordant.

—Sí —va dir la meva mare—, les faves amb cards. Et delies per les faves amb cards.

—Ah sí! —vaig dir jo—. M'hi delia?

I la meva mare:

—Sí, sempre n'hauries volgut un segon plat... I també de llenties amb ceba, i tomàquets secs, i llard...

—I un potet de romaní, no? —vaig dir jo.

I la meva mare:

—Sí... Un potet de romaní.

I jo:

—I també n'hauria volgut sempre un segon plat?

I la meva mare:

—I tant! Eres com Esaú... Hauries donat la teva primogenitura per un segon plat de llenties... Em sembla que et veig quan tornaves d'escola, a les tres, a les quatre de la tarda, amb el tren...

—Sí —vaig dir jo—. Amb el tren de càrrega, en el correu... De primer jo sol, després jo i Felice, després jo, Felice i Liborio...

—Tota la colla de passerells —va dir la meva mare—. Amb el cap ple de cabell i el morret negre, les mans sempre negres... I de cop preguntàveu: Hi ha llenties avui, mama?

—En aquelles caselles guardavia on vivíem —vaig dir jo—. Baixàvem del tren a l'estació a San Cataldo, a Serradifalco, a Acquaviva, tots els llocs per on havíem passat, i havíem de fer un quilòmetre o dos a peu per arribar a casa...

I la meva mare:

—Sí... I fins tres quilòmetres alguna vegada. El tren passava i jo sabia que ja éreu en camí, al costat de la via, i posava les llenties al foc a escalfar, l'arengada a la brasa i us sentia cridar: terra, terra.

—Terra? Per què terra? —vaig preguntar jo.

—Segur, terra! Un joc vostre, penso —va dir la meva mare—. I després un cop, a Rocalmunto, la casa era al capdamunt d'una pujada i el tren havia d'alentir, i havíeu après a baixar del tren mentre corria, i baixàveu davant la casa, i jo no m'hi veia de por que anéssiu a parar a sota, i us esperava a fora amb un bastó...

—I ens pegaves? —vaig dir jo.

I la meva mare:

—I doncs! No te'n recordes? Us trencava les cames amb el bastó. I us deixava sense menjar, fins i tot.

Es va tornar a alçar amb l'arengada a les mans, agafant-la per la cua, i examinant-la d'un cantó i de l'altre; i jo vaig veure, dins l'olor de l'arengada, la seva cara exactament igual que quan havia estat una cara jove, com jo em recordava ara que havia estat, i amb l'edat que era com alguna cosa de més sobre ella. Això era la meva mare; el record de la que havia estat quinze anys abans, vint anys abans, quan ens esperava al salt del tren de càrrega, jove i terrible, amb el bastó a la mà, el record, i l'edat de tota la llunyania, de més a més ara, de fet, dues vegades real. Examinava l'arengada mantenint-la enlaire, per un cantó, per l'altre, no gens cremada i en canvi ben cuita, i també l'arengada era això, el record, i el més a més d'ara. I així era cada cosa, el record i el més a més d'ara, el sol, el fred, el braser d'aram al mig de la cuina, i l'adquisició en la meva consciència d'aquell punt del món on em trobava; cada cosa era això, real dues vegades; i potser era per això que no m'era indiferent trobar-me allí, viatjar, per tot això que era dues vegades veritat, fins el viatge des de Messina cap avall, i les taronges en el vaixell correu, i el Gran Llombard en el tren, i Amb Bigotis i Sense Bigotis, i el verd malària, i Siracusa, Sicília mateix en resum, tot real dues vegades, i en el viatge, quarta dimensió.

XII

Un cop l'arengada neta, posada en un plat, amanida amb oli, jo i la meva mare ens vam asseure a taula. A la cuina, vull dir; amb el sol a la finestra rera l'esquena de la meva mare, abrigada amb la manta vermella i els cabells castanys molt clars. La taula era contra la paret i jo i la meva mare, asseguts l'un enfront de l'altre, amb el braser a sota, i el plat d'arengada a sobre, quasi ple d'oli. I la meva mare em va llançar un tovalló, em va allargar un platet i una forquilla, va treure del calaix un pa gros, a la meitat.

—No et sap greu que no posi les tovalles? —va preguntar.

—Oh, no! —vaig dir jo.

I ella:

—No puc rentar cada dia... Ara sóc vella.

Però sempre, quan érem nois, havíem menjat sense tovalles, menys els diumenges i les festes, sempre la meva mare havia dit que no podia rentar cada dia, recordava. Vaig començar a menjar arengada i pa, i vaig preguntar:

—Com és que no hi ha sopa?

La meva mare em va mirar i va dir:

—Que ho sabia, que venies?

I jo me la vaig mirar i li vaig preguntar:

—Però jo parlo per tu. No et fas sopa per a tu?

—Per mi, parles? —va dir la meva mare—. No he menjat gairebé mai sopa en tota la meva vida... Cuinava per vosaltres i pel vostre pare, però per a mi aquest era el meu menjar: arengades a l'hivern, pebrots escalivats a l'estiu, molt d'oli, molt de pa...

—Sempre això? —vaig preguntar.

—Sempre, per què no? —va dir la meva mare—. I amb olives també, naturalment, i alguna vegada carn de porc, salsitxes, quan teníem porc...

—Teníem porc? —vaig preguntar jo.

—Sí, no te'n recordes? —va dir la meva mare—. Teníem porc, alguns anys, a les caselles, el criàvem amb figues de moro, i després el matàvem...

I jo aquí recordava una casella i els camps al voltant, amb la línia del tren i les figueres de moro, amb els grunys del porc. S'hi estava bé a les caselles, pensava. Tots aquells camps per córrer, sense conreu, sense pagesos, només alguns bens, i els homes que venien de les mines de sofre, a la nit, quan jo m'havia acotxat ja. S'hi estava bé, vaig pensar, i vaig preguntar:

—Teníem pollastres, també, oi?

La meva mare va dir que sí, en teníem algun, naturalment, i jo vaig dir:

—Fèiem arrop...

I la meva mare:

—Fèiem tota mena de coses... Tomàquets assecats al sol... Bunyols de mel i figues de moro.

—S'hi estava bé —vaig dir, i ho pensava, pensant en els tomàquets assecats al sol a les tardes d'estiu sense ànima vivent per tots els camps. Eren uns camps secs del color del sofre, i vaig recordar el gran brunzir de l'estiu i el doll del silenci, i de nou vaig pensar que s'hi estava bé.

—S'hi estava bé —vaig dir—. Teníem teles metàl·liques.

—Eren llocs de malària, la major part! —va dir la meva mare.

—Aquella gran malària! —vaig dir jo.

I la meva mare:

—Gran, i tant!

I jo:

—Amb les cigales!...

I vaig pensar en el bosc de cigales més enllà de la tela metàl·lica de la finestra, de la galeria, de la solitud al sol, i vaig dir:

—Jo em creia que eren les cigales, la malària!

—Ha! Ha! —va riure la meva mare—. ¿Potser per això n'atrapaves tantes?
—N'atrapava? —vaig dir—. Però em pensava que era el seu cant, la malària, no elles... N'atrapava?
—I tant! —va dir la meva mare—. Vint i trenta cada vegada.
I jo:
—M'imagino que les atrapava per als grills... —i vaig preguntar—: Què en feia?
La meva mare va riure de nou:
—Em passa pel cap que te les menjaves —va dir.
—Me les menjava? —vaig exclamar jo.
—Sí —va dir la meva mare—. Tu i els teus germans.
Ella reia i jo em trobava desconcertat.
—Com és possible? —vaig preguntar.
I la meva mare va dir:
—Potser teníeu gana.
I jo:
—Teníem gana?
I la meva mare:
—Potser sí.
—Però si a casa nostra s'hi estava bé! —vaig protestar.
La meva mare em va mirar.
—Sí —va dir—. El teu pare duia diners cada mesada, i llavors durant deu dies s'hi estava bé, érem l'enveja de tots, dels pagesos i de la gent del sofre. Però després dels deu dies ja érem com ells. Menjàvem cargols.
—Cargols? —vaig dir jo.
—Sí, i xicoira —va dir la meva mare.
I jo vaig preguntar:
—I ells només menjaven cargols?
I la meva mare:
—Sí, els pobres només mengen cargols, gairebé sempre. I nosaltres érem pobres els vint últims dies de cada mes.
I jo:
—I menjàvem cargols durant vint dies?
I la meva mare:
—Cargols i xicoira.
I jo hi vaig pensar, després vaig dir:
—M'imagino que devien ser bons, després de tot.
 I la meva mare:

—Extraordinaris... Es poden fer de tantes maneres!
I jo:
—Com, de tantes maneres?
I la meva mare:
—Simplement bullits, per exemple. O amb all i tomàquet. O enfarinats i fregits.
I jo:
—Quina idea! Enfarinats i fregits? Amb la closca?
I la meva mare:
—Però ja s'entén! Es mengen xuclant-los de la closca... No te'n recordes?
I jo:
—Recordo, recordo... El més gustós de tot és xuclar la closca, em sembla.
I la meva mare:
—T'hi passes hores, xuclant.

XIII

Durant dos o tres minuts ens quedàrem en silenci, menjant l'arengada, després la meva mare va tornar a parlar. Em va explicar unes quantes maneres de cuinar els cargols. Així ho podria ensenyar a la meva dona, em va dir. Però jo li vaig dir que la meva dona no cuinava cargols. I la meva mare va voler saber què cuinava la meva dona en general, i jo li vaig explicar que en general feia bullits.

—Bullits? De què? —va exclamar la meva mare.

—Bullit de carn —vaig dir jo.

—De carn? De quina carn? —va exclamar la meva mare.

—De carn de bou —vaig dir jo.

La meva mare em va mirar amb reconvenció. Em va preguntar quin gust tenia. I jo li vaig dir que no tenia cap gust especial, que era pasta amb brou.

—I la carn? —em va preguntar la meva mare.

I jo li vaig dir que realment, molt sovint, no quedava carn després d'haver menjat el brou. Li ho vaig explicar tot en resum: pastanagues, sagí, i el tros d'os que se'n deia carn; tot amb gran cura perquè ella pogués entendre com a l'Alta Itàlia s'hi estava molt millor que a Sicília, almenys avui, a les ciutats almenys, i es menjava realment com a cristians.

Però la meva mare continuava mirant-me amb reconvenció.

—Oh! —va exclamar—. I cada dia això?

I jo vaig dir:

—És clar! Fora dels diumenges, només! Fins que es treballa i es guanya almenys!

La meva mare se sentia desconcertada:

—Cada dia! I no us en avorriu? —va dir.

—I tu no t'avorreixes de l'arengada? —vaig dir jo.

—Però l'arengada és gustosa —va dir la meva mare. I es va posar a explicar-me totes les arengades que creia haver menjat durant la seva vida, em va dir que en això, la seva capacitat de menjar arengades i arengades, era com el seu pare, el meu avi.

—Em sembla que les arengades tenen alguna cosa bona per al cervell —va dir—. I donen bon color.

I va il·lustrar tot allò que creia que tenien de bo les arengades per a les diverses coses i funcions humanes, va declarar que potser el meu avi era un gran home precisament gràcies a les arengades.

—Era un gran home el meu avi? —vaig preguntar jo.

Recordava vagament que havia crescut, en la meva llunyana infància, amb una ombra sobre meu; devia haver estat l'ombra de la grandesa del meu avi, i vaig preguntar:

—Era un gran home el meu avi?

—I tant! No ho sabies? —va dir la meva mare.

I jo vaig dir que sí, que ho sabia, però li vaig demanar què havia fet de gran i la meva mare va cridar que havia estat gran en tot. Havia posat al món filles altes i boniques, tot dones, va cridar, i s'havia construït aquella casa on ella ara vivia, sense ni tan sols ser paleta, amb les seves pròpies mans...

—Era un gran home —va dir—. Podia treballar divuit hores al dia, i era un gran socialista, un gran caçador, i gran a cavall en la processó de sant Josep...

—Cavalcava a la processó de sant Josep? —vaig dir jo.

—I tant! Era un gran genet, més valent que tots els d'aquí, els del poble, i fins i tot a Piazza Armerina —va dir la meva mare—. Com vols que fessin la cavalcada sense ell?

I jo vaig dir:

—Però era socialista...

I la meva mare:

—Era socialista... No sabia llegir ni escriure, però entenia de política i era socialista...

I jo:
—I com podia cavalcar darrera sant Josep si era socialista? Els socialistes no creuen en sant Josep.
—Que ets animal! —va dir llavors la meva mare—. El teu avi no era un socialista com tots els altres. Era un gran home. Podia creure en sant Josep i ser socialista. Tenia un cervell per mil coses a la vegada. I era socialista perquè entenia de política... Però podia creure en sant Josep. Mai no deia res en contra de sant Josep.
—Però els capellans suposo que sí que el trobaven en contra —vaig dir jo.
I la meva mare:
—I què se li'n donava a ell, dels capellans?
I jo:
—Però la processó era una cosa dels capellans.
—No saps res de res! —va exclamar la meva mare—. La processó era de cavalls, i d'homes a cavall. Era una cavalcada. —Es va calçar i se'n va anar cap a la finestra, i jo vaig comprendre que l'havia de seguir—. Mira —va dir. La finestra donava sobre els teulats i després a les valls, al torrent i als boscos en el sol hivernal, i la muntanya del davant amb l'obaga tacada de neu.
—Mira —va dir la meva mare.
I jo vaig veure més intensament aquelles teulades amb les xemeneies sense fum, i el torrent i els boscos d'alzines, les taques de neu més intensament, és a dir, dues vegades reals, i la meva mare va dir:
—La cavalcada partia d'allà al davant, en direcció a aquell pal de telègraf... Hi ha una petita església que no es veu, dalt d'aquella muntanya, però la il·luminaven de dins i de fora i es convertia en una estrella i la cavalcada sortia de l'església, amb llanternes i cascavells, i baixava la muntanya. Era sempre de nit, naturalment. Jo veia els llums i sabia que el meu pare anava al davant, un gran genet, i tots l'esperaven a baix, allí baix o sota el pont. I la cavalcada entrava al bosc, els llums ja no es veien, només senties els cascavells. Durava molt i després la cavalcada apuntava a l'extrem del pont, amb tot el terrabastall dels cascavells i amb els llums, i ell al davant com si se sentís un rei...

—Em sembla que ho recordo —vaig dir jo, i efectivament em semblava almenys que havia somniat una cosa semblant, els picarols dels cavalls i una gran estrella enfront de la muntanya, al bell mig de la nit, però la meva mare va dir:

—I ara! Ni tenies tres anys l'única vegada que la vas veure.

I jo em vaig mirar altra vegada aquella Sicília que hi havia allí fora, després tota la meva mare abrigada amb la flassada vermella, del cap clar als peus, i vaig veure que portava sabates d'home als peus, unes sabates velles del meu pare, de guardavia, com sempre havia tingut el costum de portar per casa, recordava, per sentir-se més còmoda, o sentir-se en certa manera plantada en l'home, una mica home, costella d'home.

XIV

Vam tornar a taula i, com que me la mirava sense parlar, ella em va dir:

—Però, què mires?

—No et puc mirar?

—Molt bé —va dir la meva mare—, si em vols mirar, mira'm, però acaba de menjar d'una vegada...

Jo vaig tallar una altra llesca de pa, que era dur i blanc de crosta, com mal cuit, i vaig dir:

—¿Però quina idea li ha agafat al pare d'anar-se'n amb una altra dona a les seves velleses?

La meva mare va semblar sorpresa, ofesa gairebé, com si es disposés a contradir cadascuna de les meves paraules.

—Què en saps, tu? —va cridar.

—Ell m'ho ha escrit —vaig dir jo.

—Covard! —va cridar la meva mare—. ¿T'ha escrit que ha vist una altra dona, que m'ha plantat a mi i se n'ha anat amb ella?

I jo vaig dir que sí, que així ho havia entès, i ella va cridar:

—Quin covard!

I jo vaig dir:

—Per què? No és veritat?

I la meva mare:

—Com vols que sigui veritat? ¿No te'n recordes, si n'era de covard?

 —Covard? —vaig dir jo.

—I tant —va cridar la meva mare—. Quan em pegava, després es posava a plorar i em demanava perdó...

I jo vaig fer una exclamació:

—Oh! —vaig dir—, es veu que li sabia greu.

—Que li sabia greu? —va cridar la meva mare—. Com si jo no em sabés defensar, i no m'hi tornés... Potser era això que li sabia greu...

Jo vaig riure:

—Haaaa! —I em vaig recordar d'ells, el meu pare, lleuger com un xicotot, i amb els ulls blaus, i ella pesada, forta, amb els sabatots, esbatussant-se tots dos com feres, i es pegaven i pegaven a tort i a dret, clavant puntades de peu a les cadires, cops de puny als vidres, bastonades a les taules, i nosaltres rèiem i aplaudíem.

—Haaaaa! —vaig riure.

I la meva mare va dir:

—Ho veus com era un covard? I fint i tot quan jo anava de part, plorava. Jo tenia el dolor i no plorava, i ell plorava. M'hauria agradat veure el meu pare al seu lloc!

—M'imagino que li sabia greu veure't sofrir! —vaig dir jo.

—Li sabia greu! —va cridar la meva mare—. Per què li havia de saber greu? No em moria pas. Millor que m'hagués ajudat en lloc de plorar...

I jo:

—Què podia fer?

I la meva mare:

—Com, què podia fer? ¿No fas res tu, quan la teva dona pareix?

I jo:

—Doncs, l'aguanto...

—Veus com fas alguna cosa? —va dir la meva mare—. Però ell ni m'aguantava... Érem sols en aquell descampat i calia fer tantes coses, preparar l'aigua calenta, però ell només sabia plorar... O se n'anava a l'altra caseta dels peons a cridar les dones... Això li agradava, tenir d'altres dones a casa. Però elles mai no venien corrents, i jo necessitava ajuda, li cridava que m'ajudés, que m'aguantés, que em fes caminar, i ell plorava. No ho volia veure...

—Ah! —vaig exclamar—. No ho volia veure?

La meva mare em va mirar amb uns ulls una mica estràbics.

—No, no ho volia veure —va dir. Després va afegir—: Em sembla que ho vèieu més vosaltres que ell. Sortíeu...

I jo la vaig interrompre:

—Ho vèiem més nosaltres que ell? —vaig dir.

I la meva mare:

—Sí, vosaltres ho volíeu veure... Sortíeu al replà davant la cambra i us posàveu al seu costat, però ell no alçava els ulls i vosaltres els teníeu esbatanats. Us el miràveu com plorava, i a mi, que procurava caminar aguantant-me amb els mobles, i llavors jo li cridava que us tragués d'allí, i ell ni això no sabia fer... M'hauria agradat veure el meu pare al seu lloc.

—El teu pare? —li vaig dir.

—I tant! —va cridar la meva mare—. Ell era un gran home, un gran genet, un pagès que podia fangar la terra divuit hores al dia, i era valent, i ho feia tot quan la mare paria... I tant que l'hauria volgut veure al seu lloc. Li deia que us tragués d'allí i ell res, ni ho entenia, ni alçava els ulls, li feia por mirar, i jo li cridava covard, li deia que m'aguantés perquè em venien els dolors i ell, saps què em deia? Em deia: «Però espera que arribin.»

—Qui havia d'arribar? —vaig dir jo.

I la meva mare:

—Parlava de les dones que havia anat a cridar... Però no sempre les dones arribaven a temps, i una vegada em vaig sentir el cap del nen fora, era el tercer de vosaltres, i em vaig deixar anar al llit i li vaig dir: «Corre, que ja és aquí!»

—I nosaltres ens ho miràvem? —vaig dir jo.

I la meva mare:

—Naturalment... ell no us havia tret a fora. Però éreu molt petits, tu i Felice només, tu amb dos anys i mig i Felice d'un any o poc més, el nen era el tercer de vosaltres... Vaig veure que ja tenia el cap fora...

—I nosaltres ens ho miràvem? —vaig dir jo.

I la meva mare:

—No t'ho dic? I fins el nen era allí mirant-s'ho amb el cap fora i els ulls oberts, era una criatura bonica, i jo cridava al teu pare que anés de pressa a estirar-lo. ¿I saps què va fer ell? Va alçar els braços al cel i es va posar a invocar Déu com quan recitava les seves tragèdies...

—Oh! —vaig dir jo.

I la meva mare:

—Sí, això va fer... I el nen em mirava, la cara se li posava morada, i jo no volia que s'ofegués...

—Suposo que llavors va arribar algú —vaig dir jo.

I la meva mare:

—I ca! Eren les dues de la nit i no va venir ningú... Però jo vaig agafar l'ampolla de l'aigua que hi havia a la calaixera, m'havia agafat una ràbia, i la vaig tirar al cap del teu pare...

—El vas encertar?

I la meva mare:

—Caram, tinc bona punteria! I tant que el vaig encertar, i ell llavors es va decidir a ajudar-me. I em va ajudar i em va treure la criatura sana i salva com si fos un altre home i no ell, però naturalment vaig poder més jo empenyent que ell estirant, tenia tota la cara plena de sang i suor...

—Veus com no era covard? —vaig dir jo—. No li mancava el coratge. Era més aviat una altra cosa que li va desaparèixer amb la sortida de la sang.

—Una altra cosa? —va exclamar la meva mare i es mirava el plat ara buit—. Quina altra cosa, eh? No era un home com el meu pare!

Després es va alçar de taula i va anar a una habitació fosca rera la cuina, potser uns mals endreços, i era curiós com caminava de lleugera amb els seus sabatots.

XV

—A on vas? —li vaig cridar.

La seva veu em va contestar sufocada com sota una capa de pols.

—Agafo un meló!

I vaig comprendre que allí hi havia sostre mort, amb teulada baixa, una mena de golfes.

Esperava, i no quedaven arengades als plats, ni olor d'arengades a la cuina. I la meva mare va tornar, portant a la mà un meló llarg.

—Què et sembla? —va dir—. Un meló d'hivern!

Somreia i ella mateixa era una aparició i el record d'ella, dues vegades real amb el meló a la mà, com a l'altre cantó d'infància, a la casella.

—Teníem melons d'hivern i tot? —vaig dir jo.

I la meva mare:

—Sí. Els guardava a la palla, al galliner. Ara els tinc aquí al desembaràs. En tinc una desena.

—Els guardaves al galliner? —vaig dir jo—. Però si era un misteri on els guardaves! No aconseguíem de saber-ho mai. Semblava que els amagaves dintre teu. I de tant en tant, un diumenge, en treies un. Te n'anaves, com ara, i tornaves amb un meló... Era un misteri...

I la meva mare:

—M'imagino que buscàveu pertot arreu.

I jo:

—I tant! Si els haguessis guardat al galliner els hauríem trobat.

I la meva mare:
—Doncs eren allí. Però en un forat excavat a terra amb palla al damunt.
—Vet aquí! —vaig dir jo—. I nosaltres pensàvem que els amagaves dintre teu, com fos...
La meva mare va somriure.
—I per això em dèieu Mama Meló? —va dir.
I jo:
—Et dèiem Mama Meló?
I la meva mare:
—O Mama dels melons, potser... No ho recordes?
—Mama dels Melons! —vaig exclamar jo.
Va posar el meló a taula i va rodolar cap a mi, una vegada, dues, amb la seva escorça verda subtilment ratllada d'or. Em vaig inclinar per ensumar-la.
—I tant que ho és —vaig dir.
I va ser olor profunda no sols del fruit; vella olor com el vi en el solitari hivern a les muntanyes, davant la via solitària, i el menjador, petit, amb el sostre baix, a la casella.
Vaig mirar al voltant.
—No hi ha cap moble, aquí, dels nostres? —vaig dir.
I la meva mare:
—Ni un. Les tovalles i els estris de cuina són nostres, i la roba blanca i les flassades. Els mobles ens els vam vendre quan vam venir aquí...
—Però, per què us vau decidir a venir aquí? —vaig dir jo.
I la meva mare:
—Jo ho vaig decidir. Aquesta casa és del meu pare i no paguem lloguer. La va construir ell mateix, dedicant-hi els diumenges. On volies que anéssim?
I jo:
—No ho sé... Però queda tan lluny del tren aquí! ¿Com pots viure sense ni tan sols veure la via?
I la meva mare:
—Què importa veure la via?
I jo:
—És un dir... No sentir mai passar un tren!
I la meva mare:
—Què importa sentir passar un tren?

I jo:

—Creia que t'importaria... ¿Sorties tu mateixa amb la bandera rera la valla, quan ell passava?

—És clar, si no hi enviava un de vosaltres —va dir la meva mare.

I jo vaig exclamar:

—Ah! Hi enviaves un de nosaltres, de vegades?

Però tant se me'n donava, de la seva resposta. Vaig poder recordar-me de mi mateix i del tren en una relació molt especial com a diàleg, com si hagués parlat amb ell, i en un moment em vaig sentir com si tractés de recordar les coses que m'havia dit, com si pensés en el món, tal com ho havia après, en aquells col·loquis, d'ell.

Vaig dir:

—Hi havia un lloc que quedava molt a prop de l'estació. Serradifalco, em sembla... No la vèiem, però podíem sentir els vagons de càrrega com xocaven els uns contra els altres en les maniobres...

Recordava l'hivern, la gran solitud dels camps despullats, sense arbres, sense fulles i la terra que feia olor, hivernal, com un meló; i aquella remor.

—M'agradaria sentir aquella remor! —vaig dir.

—Apa, talla el meló! —va cridar la meva mare.

Vaig foradar la clofolla forta, i el ganivet, de sobte, es va enfonsar. La meva mare mentrestant havia dut vi i gots. I el vi era ben poca cosa, però el meló era allí obert al mig de la taula i bevíem el seu perfum hivernal.

XVI

Després vaig dir:

—I doncs?

—I doncs, què? —va preguntar la meva mare.

—Sí —vaig dir jo—. I doncs què ha passat amb el papa?

La meva mare va semblar quc de nou se sentia ferida.

—Per què n'hem de parlar? —murmurà—. Per mi és el mateix amb ell o sense ell... I si per ell és igual sense mi, no m'importa gens.

—Així, és veritat que se n'ha anat amb una altra? —vaig dir jo.

I la meva mare:

—Que se n'ha anat? Això ho diu ell, que se n'ha anat: l'he engegat jo. Aquí és a casa meva.

I jo:

—Caram, senyora! T'hi avorries i l'has engegat?

I la meva mare:

—Mira. L'he suportat durant molts anys, i ara ja era massa, no podia suportar de veure'l enamorat a la seva edat...

—I com és que s'havia enamorat? —vaig dir jo.

I la meva mare:

—Però si sempre va ser així amb les dones. Sempre li calia tenir tot de dones per casa i fer el gallet entre les dones... Saps que escrivia poesies. Les escrivia per a elles...

—No hi ha res de mal en això —vaig dir jo.

I la meva mare:

—No hi ha res de mal? ¿I que elles em miressin de dalt

a baix quan es veien comparades amb reines en aquelles poesies, no era un mal?

—Les comparava amb reines? —vaig dir jo.

I la meva mare:

—I tant! I fins i tot abelles reines! Les dones brutes dels guardavies, i dels caps d'estació... Abelles reines!

I jo:

—¿Però com podien saber elles que els anaven adreçades?

I la meva mare:

—Doncs, què? Quan una el veia amable amb ella, i brindar a les festes a la més bella, tot mirant-se-la, i aleshores llegia aquelles poesies amb els braços oberts i de cara a elles, què els faltava per saber-ho?

I jo vaig riure:

—Ah, aquelles festes! Aquelles reunions!

—Era un boig acabat! —va dir la meva mare—. No podia viure sense escàndols... Cada sis o set dies li calia tramar-ne alguna. Cridar tots els ferroviaris de la línia amb les seves dones i noies i fer el gall allí al mig. Hi havia períodes que teníem reunió cada vespre, o a casa nostra o a casa dels altres... O ball o jugar a cartes, o recitals... I ell al centre de la festa amb els ulls lluents...

Podia recordar el meu pare amb els ulls blaus i lluents, al centre de la meva infància i de Sicília, en la solitud de les muntanyes, i vaig recordar la meva mare, no pas desgraciada en realitat, fent de mestressa de casa i duent vi per tots, resplendent, rient, no pas gens desgraciada de tenir un marit que feia tant el gall.

—En això sí que era gran —va continuar la meva mare—. No es cansava mai de ballar i no es perdia una volta. S'acabava el disc i corria a canviar-lo, i tornava i aferrava una dama i ballava. I sabia menar la quadrilla amb una frase divertida a cada entrada... I sabia tocar l'harmònica i la caramella i tot. Era el millor tocador de caramella de tota la muntanya, i tenia una veu poderosa que omplia tota la vall. Ah!, era un gran home, com un guerrer antic... I es veia que se sentia un rei a dalt del seu cavall. I quan la cavalcada sortia a dalt del pont, amb els

 llums i els picarols, i ell que se sentia un rei al davant de tots, nosaltres cridàvem visques... «Visca el papà!», cridàvem.

—Però de qui parles? —vaig preguntar jo.

—Parlo del papà, del teu avi —va dir la meva mare—. De qui et creus que parlava?

I jo:

—Parles de l'avi? L'avi feia sonar la gramola?

I la meva mare:

—No, això no..., això era el teu pare. Feia sonar la gramola i canviava els discs. Corria i canviava els discs contínuament. I no parava de ballar. Era un gran ballarí, un home galant... I quan em venia a buscar i em feia donar voltes jo em sentia com una nena.

—Et senties com una nena amb el pare? —vaig dir jo.

I la meva mare:

—No, home, no! Dic amb el papà, el teu avi... Era tan alt, tan gran, tan orgullós amb la barba rossa i blanca!

I jo:

—Així, era l'avi que ballava?

I la meva mare:

—El teu pare també ballava. Amb la gramola i totes aquelles dones que em duia a casa... I massa que ballava. Cada nit hauria volgut ballar. I quan jo no volia anar a una reunió, a una casa d'un guardavia massa llunyana, em mirava com si li hagués pres un any de vida. Però nosaltres sempre volíem anar a les festes on ell anava...

—Ell, qui? —vaig dir jo—. El papa o l'avi?

I la meva mare:

—L'avi, l'avi...

XVII

La meva mare parlà i parlà una mica de l'avi, del pare, i de qui fos, de l'home al capdavall, i jo em vaig trobar pensant que devia ser una espècie de Gran Llombard.

No en recordava res, de l'avi, recordava només la seva mà que m'agafava, criatura de tres anys, o de cinc, duentme pels camins i les escales d'aquell punt seu en la terra. Però el podia pensar com una mena de Gran Llombard, vull dir aquell de la gran cabellera en el tren amb la petita barba blanca, que havia parlat, en el tren, d'un cavall seu i de les seves filles, tot dones, i dels altres deures.

—M'imagino que devia ser un Gran Llombard —vaig dir.

Havíem acabat de menjar el meló i tot, i la meva mare s'havia alçat i recollia els plats.

—I què és un Gran Llombard? —va dir.

Jo em vaig arronsar d'espatlles. No li sabia contestar exactament i vaig dir:

—És un home...

—Un home? —va dir la meva mare.

I jo:

—Un home alt, gran... No era alt, l'avi?

I la meva mare:

—Sí, que era alt. ¿Se'n diu un Gran Llombard, d'un home alt?

I jo:

—No, és clar. No per l'estatura...

 I la meva mare:

—Així, per què penses que va ser un Gran Llombard?

I jo:

—Perquè sí! No era ros i amb els ulls blaus, l'avi?

I la meva mare:

—I això és un Gran Llombard? ¿Un que és ros i amb els ulls blaus? És fàcil ser un Gran Llombard!

—I bé —vaig dir jo—. Potser és fàcil, potser no...

La meva mare continuava palplantada al costat de la taula, i havia encreuat els braços sota les seves antigues mamelles, em mirava amb els ulls una mica estràbics, closa dins la flassada vermella.

—És fàcil que un sigui ros i tingui els ulls blaus —va dir.

—Això sí —vaig dir jo—, però un Gran Llombard pot no ser ros.

Vaig pensar en el meu pare amb els ulls blaus, no ros, i com el veia també una mena de Gran Llombard, en el *Macbeth*, i en totes les seves tragèdies recitades sobre les travesses de les vies, per a ferroviaris i guardavies, vaig dir:

—I també pot ser amb els ulls blaus només.

—I què? —va dir la meva mare.

I jo pensava com era en efecte el Gran Llombard, l'home del tren que havia parlat d'uns altres deures, i em va semblar, amb una certa enyorança d'ell, que no tenia els ulls blaus i no era sinó un home amb una gran cabellera.

—I bé —vaig dir—. Un Gran Llombard és un amb una gran cabellera. Tenia una bona cabellera, l'avi?

—Molts cabells? —va dir la meva mare—. No, no en tenia massa. Tenia molta barba, blanca i rossa... Però li faltaven els cabells des de mig cap... No era un Gran Llombard!

—És clar que sí —vaig dir jo—. També era un Gran Llombard.

I la meva mare:

—Com podia ser-ho, si dius que un Gran Llombard és un que té una gran cabellera? Ell no tenia gaires cabells...

I jo:

—Què importen els cabells? Estic segur que l'avi era un Gran Llombard... Devia haver nascut en un poble llombard.

—Què vols dir, un poble llombard? —va exclamar la meva mare—. Què és un poble llombard?

I jo:

—Un poble llombard és un poble com és ara Nicòsia. Saps què vull dir, Nicòsia?

I la meva mare:

—N'he sentit parlar. Hi fan un pa amb nous a sobre... El meu pare no era de Nicòsia.

—Hi ha molts més pobles llombards —vaig dir jo—. Hi ha Sperlinga, hi ha Troina... Tots els pobles del Val Demone, són pobles llombards.

I la meva mare:

—Però ell no era del Val Demone. No era un Gran Llombard!

I jo:

—Fins i tot fora del Val Demone hi ha pobles llombards. Aidone no és del Val Demone, i en canvi és un poble llombard.

I la meva mare:

—És un poble llombard, Aidone? Una vegada vaig tenir una gerra d'Aidone. Però ell no era d'Aidone.

—D'on era? —vaig preguntar jo—. Suposo que era de la Valle Armerina... D'aquesta banda... També hi ha un poble llombard... Piazza Armerina?

Un moment em vaig quedar mut, pensava, i després vaig dir:

—No, em sembla que Piazza no és un poble llombard.

I la meva mare va triomfar:

—Veus com no era un Gran Llombard? —va dir.

—Doncs jo estic segur que ho era! —vaig exclamar—. No podia deixar de ser-ho!

I la meva mare:

—Però si no era d'un poble llombard!

I jo:

—Què importa el poble? Encara que hagués nascut a la Xina estic segur que seria un Gran Llombard.

Llavors la meva mare va riure.

—Que ets tossut! —va dir—. ¿Per què vols que fos un Gran Llombard de totes passades?

 I jo també vaig riure un segon. Després vaig dir:

—Com tu en parles sembla que ho havia de ser. Sembla que havia de pensar en uns altres deures...

Això, jo ho vaig dir molt seriosament, amb enyorança del Gran Llombard que havia conegut al tren, i dels homes i homes que potser eren iguals que ell, del meu pare en *Macbeth*, i de l'avi, i de l'home en una imatge com aquella.

—Sembla que havia de pensar en uns altres deures —vaig dir.

—Altres deures? —va dir la meva mare.

I jo:

—¿No deia que aquests deures nostres d'ara són massa vells? ¿Que estan marcits, morts, i que no causa satisfacció complir-los?

La meva mare estava desconcertada.

—No ho sé. No ho crec pas —va dir.

I jo:

—No deia que ens calen uns altres deures? ¿Deures nous, i no els de costum? No ho deia així?

—No sé —va dir la meva mare—. No sé. No li ho vaig sentir dir mai...

Ara, em semblava de nou que m'era indiferent ser allí, i la meva mare i el viatge, i no trobar-me en canvi en la meva vida de cada dia, i amb tot, sempre amb enyorança del Gran Llombard, vaig preguntar:

—Estava satisfet de si mateix? ¿Estava satisfet de si mateix i del món, l'avi?

La meva mare em va mirar un moment desconcertada, i anava a dir-me alguna cosa. Però va canviar de pensament i va dir:

—Per què no? —Després em va mirar de nou, i jo no li contestava, i em mirà i em mirà i de nou va canviar de pensament i va dir:

—No, en el fons no ho estava.

—Ah, no ho estava? —vaig dir jo.

I la meva mare:

—No, del món no n'estava, de satisfet.

—I d'ell, sí? —vaig dir jo—. ¿Del món no n'estava, de satisfet, i de si mateix sí que n'estava?

I la meva mare:

—Sí, crec que de si mateix, sí que n'estava...

—No pensava en uns altres deures? —vaig dir jo—. ¿Estava satisfet?

I la meva mare:

—I per què no ho havia d'estar? Se sentia un rei a dalt del seu cavall, a la cavalcada... I ens tenia a nosaltres, tres dones filles seves! Per què no ho havia d'estar?

I jo:

—I bé. Potser no ho saps, si ho estava o no.

XVIII

Després, la meva mare es va posar a fregar els plats. No hi havia aigua corrent i rentava en un gibrell de terrissa ple d'aigua calenta, i tot rentant va començar de sobte a xiular.

—M'ajudes? —va dir, quan va treure fora de l'aigua el primer plat.

I jo em vaig alçar i em vaig disposar a ajudar-la, i ella va fregar el plat amb una mica de cendra i me'l va passar i em va indicar una galleda amb aigua freda, volia que esbandís el plat en aquella galleda, i després l'eixugués. Vam seguir així, amb els altres plats i plàteres, i ella xiulava, cantava, i jo la mirava.

Cantava, dic, però a mitja veu, velles tonades sense paraules, mig murmuri, mig xiulet, i un refilet de tant en tant; i era un dimoni de dona amb els seus cinquanta anys o poc menys, i el seu rostre no pas vell encara, assecat pels anys, i amb els cabells castanys quasi rossos, amb la flassada vermella sobre les espatlles, amb els sabatots del pare als peus. Vaig veure les seves mans, i eren grans, consumides, nuoses, completament diverses de la cara, perquè podien ser fins i tot d'home llenyataire, o que treballa els camps, mentre que la seva cara era d'odalisca en certa manera. «Així són les nostres dones!», vaig pensar, i no volia dir les sicilianes, sinó les dones en general, sense dolcesa per a les nits en les mans, i potser, moltes vegades, infelices per això, geloses i salvatges per això, no tenir les mans d'odalisca com sí en canvi en tenien el cor i la cara i no poder tenir els seus homes lligats amb les mans. Vaig pensar en el meu pare i en mi, en tots els homes, amb la nostra necessitat de mons mòrbids sobre nosaltres, i em va semblar que entenia alguna cosa de la nostra inquietud amb les dones; de com érem tants que ens escapàvem d'elles, les nostres dones, amb les mans aspres i decidides, quasi mascles, dures en la nit; i com queies en l'esclavitud si anomenaves reina una dona que fos dona, odalisca, quan tocava. Així era, vaig pensar, que hom estimava la idea de la gent de luxe, i de tota la societat civil-militar, les jerarquies, les dinasties, els prínceps i els reis fins i tot en les faules; per la idea de la dona que dugués la tendresa a les mans. N'hi havia prou de saber que existien aquestes dones, poder saber que hi eren, aquestes dones, i veure-les, més enllà dels cavalls, i les senyeres, i els seus eunucs; i era així que estimàvem tota la festa i el gran serrall, i els seus homes també, i les trompetes, les senyeres, i entraves en el joc, i apartaves la mirada de les dones i noies nostres, cercant-ne d'altres, jo, el meu pare, tots els homes, i cercant una altra cosa en els altres sense saber que cercaves el contacte d'unes mans tendres damunt nostre. Tot això pensava; i vaig pensar covards de nosaltres, mirant les mans de la meva mare, informes, i pensant en els seus peus també informes en les velles sabates d'home, i que calia ignorar com una part d'una altra naturalesa en ella, innominable. Però la meva mare cantava i era ocell tot cantant, murmuris, xiulets, i un refilet de tant en tant, i les seves mans i els seus peus no importaven, i importava només que cantava, i ni tan sols els seus anys importaven, importava només que cantava, que fos ocell, la mare-ocell de l'aire, i en els seus ous la llum, que dóna la llum.

—Molt bé —vaig dir—. M'imagino que passes el temps així, quan estàs sola.

—Així? —va dir la meva mare.

—Sí —vaig dir—. Cantant.

La meva mare va alçar les espatlles i va fer com si no sabés que estava cantant. I jo vaig afegir:

—No t'importa de quedar-te sola?

I llavors ella em va mirar amb els seus ulls estràbics dels moments de perplexitat, després va arrugar el front, va dir:

—Si et penses que trobo a faltar la companyia del teu pare, t'enganyes... Que hi penses, quan fas aquestes coses?

—Per què? —vaig dir jo—. No et feia companyia? M'imagino que fins i tot t'ajudava a rentar els plats.

I la meva mare:

—Això no significa que m'hagi de sentir sola sense ell.

I jo:

—Era un home amable.

I la meva mare:

—A casa, no t'hi fa cap falta, un home amable! Ha estat la meva desgràcia, que fos un home amable...

I jo:

—M'agradaria que t'expliquessis millor.

I la meva mare:

—Veus, l'avi no era amable... No els deia reines, a les dones, no els escrivia poesies...

—Suposo que no li agradaven —vaig dir jo.

I la meva mare:

—No li agradaven! Li agradaven deu vegades més que al teu pare... Però no li calia anomenar-les reines. Quan li n'agradava una, se l'enduia a la vall. N'hi ha moltes aquí al poble que encara es recorden d'ell. I moltes fins i tot a Piazza...

—I tu et lamentes del pare? —vaig dir jo—. Em sembla que hauria anat molt pitjor per a tu amb el teu caràcter, si haguessis estat la dona de l'avi, per exemple.

—Pitjor? —va dir la meva mare—. Com pitjor?

—Bé —vaig dir jo—. L'avi se les enduia a la vall, i el pare els escrivia poesies. Em sembla que aquelles escapades a la vall t'haurien estat més dures que les poesies...

I la meva mare:

—Res de res! Tot el mal eren les poesies, amb el teu pare... Hauria preferit que només se les hagués endutes a la vall.

I jo:

—Què? Se les enduia a la vall i després escrivia poesies?

I la meva mare:

—Naturalment... i les anomenava reines, les tractava de reines. Era un home amable. I si una d'elles tenia un nom bonic, com per exemple Manon, semblava que s'hagués tornat boig, una cosa ridícula, a la seva edat.

—Qui es deia Manon? —vaig preguntar jo.
I la meva mare:
—Era l'amazona del circ. Per ella l'he tret de casa... Perquè es deia Manon. Però les tractava sempre de reines. Era un home amable.
Hi va haver una pausa sense que jo contestés i la meva mare va semblar que esperava. Llavors jo vaig dir:
—Era un home amable.
I la meva mare:
—Aquest era el mal. De bona gana m'hauria acontentat que se les hagués endutes a la vall... En canvi, arribava i em deia: «Doneta meva, si fossis una nena et podries dir Manon.»
—I això era un mal? —vaig dir jo.
I la meva mare:
—El mal és que les tractava de reines, no de barjaules. I que els donava a entendre qui sap què. Aquest era el mal. I jo no me les podia mirar de dalt a baix.
—Ah! —vaig dir jo—. ¿No te les podies mirar de dalt a baix? —i mentrestant pensava: «Quin dimoni de dona!»
I la meva mare va dir:
—Ell els donava a entendre qui sap què, i elles em miraven com si fossin qui sap què... Se'm presentaven a casa, dones de ferroviaris, pageses, i com si res, tranquil·les, ni abaixaven els ulls, em miraven com si fossin qui sap què. I jo no me les podia mirar de dalt a baix!
«Quin dimoni de dona!», pensava jo.
I la meva mare va dir:
—Aquest era el mal! Ell els donava a entendre que eren molt més que jo!, i elles em miraven com si fossin molt més que jo! Perquè ell les anomenava reines! No els feia pensar que eren unes barjaules. I jo no me les podia mirar de dalt a baix.
Així parlava ella i jo pensava: «Quin dimoni de dona! Recoi de dona!» i per dintre meu quasi reia. Sabia com ens ho fem nosaltres, els homes, covards potser, el meu pare, jo mateix, però justos després de tot amb elles, per donarlos a entendre que són qui sap què, i per dintre meu quasi reia.

XIX

Ara la meva mare havia agafat l'escombra i escombrava, i era amb molta riquesa mare i dona, i jo, dintre meu, quasi rient, pensava que ella hauria pogut ser també una d'aquelles que anomenava barjaules, reina, malgrat les seves mans rudes, per als altres homes, oculta, abella reina, i mare d'entusiasmes. «Per què no?», vaig pensar.

Hi havia en ella massa riquesa de mare per haver estat només una muller consumida, mesquina, pobra fúria, rera els entusiasmes del seu home envers altres dones. Portava massa mel vella en ella mateixa, movent-se ara en aquella cuineta, tan alta i amb els cabells gairebé rossos, la flassada vermella sobre les espatlles. Tenia mel massa vella a dins. No podia haver estat només una pobra fúria.

I dintre meu, gairebé rient, vaig dir:

—Ets un dimoni de dona! ¿Hauries volgut que se sentissin barjaules?

—I tant que ho hauria volgut —va dir la meva mare—. M'hauria agradat riure'm de tot plegat...

—Ets un dimoni de dona! —vaig dir jo—. ¿Te n'hauries rigut, de tot plegat?

I la meva mare:

—Naturalment. No m'hauria fet pas res. Me n'hauria rigut. Però ell no les tractava de barjaules...

I jo:

—I per què ho havia de fer? Tenien un marit com tu, i fills com tu...

I la meva mare:

—Molt bé! Ningú no les obligava a fer de barjaules.

I jo:

—Tan fastigós era allò que feien? ¿No feien el mateix que tu feies amb ell? O feien alguna altra cosa?

—Quina altra cosa? —va exclamar la meva mare.

I per un moment va parar d'escombrar.

—Què vols dir, una altra cosa? —va dir—. Feien el mateix, naturalment. Quina altra cosa podien fer?

—I doncs? —vaig dir jo—. Tenien un marit com tu. Tenien fills com tu. I no feien res que fos més fastigós que allò que tu feies amb ell... Per què les havia de tractar de barjaules?

I la meva mare:

—Però no era el marit d'elles, era el meu marit...

—I aquí hi ha la diferència? —vaig dir jo. I dintre meu reia. La veia sorpresa al mig de la cuina amb l'escombra a la mà, sense escombrar, i dintre meu reia.

—No entenc com raones —vaig dir.

I rient per dintre em vaig decidir d'arriscar el cop.

—No entenc com raones —vaig dir de nou. I vaig dir—: ¿Eres una barjaula, tu, quan feies el mateix amb altres homes?

La meva mare no envermellí. Els seus ulls es van encendre. La boca es va cloure, dura, i tota ella va ser dura, més alta, agitada dins la seva mel vella, però no envermellí.

I jo, rient per dintre, vaig dir: —Perquè suposo que tu també deus haver anat a la vall...

M'agradava d'agitar-la dins la seva mel vella, i per dintre reia, em sentia xerraire.

—No t'hauràs quedat sempre aquí, a la cuina! —vaig dir—. També devies anar a la vall amb algun!

—Oh! —va dir la meva mare. S'havia quedat de pedra al mig de la cuina, trontollada dins la seva mel vella, però no gens vermella, ni avergonyida—. Oh! —va dir, mirant-me de dalt a baix.

I era més que la meva mare, tot dient això, mare-ocell, mare-abella, però la seva mel vella era massa vella i es va aquietar, es va vessar, maliciosa, i jo era, comptat i debatut, un fill de vint-i-nou anys, quasi trenta anys, i mig estranger per a ella, de quinze anys ençà, un home qualsevol la meitat de jo mateix, i així, doncs, ella va dir tot posant-se de nou a escombrar:

—Molt bé, em sembla que s'ho havia merescut que me n'anés amb un altre home una vegada o dues!

I jo vaig pensar dintre meu rient:

—«Ah, barjaula!»

I vaig dir:

—Naturalment, que s'ho mereixia!

Després vaig preguntar:

—Moltes vegades? Amb molts homes?

—Oh —va exclamar la meva mare—. ¿Que et penses que anava darrera un gos amb barretina?

I jo:

—No, dona! Volia saber si havies anat amb un home o amb dos...

I la meva mare:

—Amb un! Amb un! Perquè l'altra vegada va ser una equivocació i no compta.

—Una equivocació? —vaig dir jo—. Què vols dir, una equivocació?

I la meva mare:

—Va ser una cosa amb un compare quan érem a Messina. Després del terratrèmol... Va ser una cosa de confusió, en total, era molt jove i no se'n va parlar més.

—Fixa't! —vaig dir jo—. I amb l'altre?

I la meva mare:

—Oh!, amb aquell altre va ser per casualitat!

—Era també conegut nostre, aquest? —vaig dir jo.

I la meva mare:

—No, era un que no el coneixia.

—Era un que no el coneixies? —vaig exclamar jo.

I la meva mare:

—Per què ho trobes tan extraordinari? No saps com va anar tot plegat.

I jo:

—M'imagino que et va violentar.

I la meva mare:

—Violentar?

I jo vaig riure dintre meu pel to amb què la meva mare havia dit aquesta paraula; després, observant-la des d'un altre punt de la terra, no des d'allí, de la cuina estant i de la seva Sicília, vaig preguntar:

—Però on va ser? Érem ja a les caselles?

XX

—Sí, era a Acquaviva —va dir la meva mare.

Jo ara l'escoltava des d'un altre punt de la terra i vaig pensar Acquaviva molt lluny en l'espai, una solitud a la boca d'una muntanya. I amb tot vaig dir:

—Però ja érem tots grans a Acquaviva. Era després de la guerra.

—I què? —va dir la meva mare—. ¿Us havia de demanar permís a vosaltres, perquè ja éreu grans? Tu tenies onze anys. Anàveu a escola i anàveu a jugar...

Així era en aquella solitud, Acquaviva, San Cataldo, Serradifalco, els nois a escola, hi anaven amb un tren de càrrega, o a jugar pels rostolls dels àrids camps, l'home a la feina amb la pala, la mare a la feina, amb la bugada o qualsevol altra cosa, cadascú amb el seu propi dimoni sota el cel de les solituds.

Era esplèndid, tan lluny en l'espai, i la meva mare va dir que havia estat un estiu horrible. Això significava ni gota d'aigua als torrents a cent quilòmetres a la rodona, i davant els ulls res més que rostoll des d'on el sol sortia fins on es ponia. No hi havia cases ni a vint, trenta quilòmetres a la rodona, excepte al llarg de la línia les caselles dels guardavies, aixafades a terra per la solitud; i que era un estiu terrible significava ni una ombra en tots aquells quilòmetres, les cigales esclafades al sol, els cargols buidats pel sol, tota cosa esdevinguda sol.

—Era un estiu terrible —va dir la meva mare.

 Havia acabat d'escombrar, donava voltes per la cuina

endreçant les coses, i no contava, no responia les meves preguntes:

—Era un matí, era una tarda? —vaig preguntar jo.

I ella:

—Crec que va ser una tarda. No hi havia vespes, ni hi havia mosques, no hi havia res... Devia ser a la tarda.

—I tu què feies? —vaig preguntar jo.

I ella:

—Havia fet pa...

Així era això: per quilòmetres i quilòmetres olor de serps mortes al sol; després, de cop, a l'entorn d'una casa, olor de pa tret del forn.

—Havia fet pa... —va dir la meva mare.

—I què més? —vaig preguntar jo.

I la meva mare:

—Rentava. Teníem un safareig a fora, prop del pou i devia ser a la tarda, perquè feia ombra pel cantó del safareig... Rentava sempre a la tarda.

Era a la tarda, doncs, i hi havia l'olor del pa acabat de treure del forn al voltant de la casa, i allí hi havia un pou, era aigua que havien dut en tren, amb el vagó-cisterna, una dona que rentava. Però la meva mare no contava, responia les meves preguntes, i jo li vaig preguntar:

—I llavors, ell?

—Era un caminant —va dir la meva mare.

—Un caminant? —vaig exclamar.

—Sí, un que viatjava a peu —va dir la meva mare.

I jo:

—¿Per tots aquells quilòmetres sense una gota d'aigua, sense cap poble?

I la meva mare:

—Sí. Amb un petit fardell per canviar-se el vestit de soldat sense estrelletes, un vell barret de segador al cap. I s'havia tret les sabates, les duia, lligades juntes, penjant a l'esquena...

—Venia de lluny? —vaig dir jo.

I la meva mare:

—M'imagino que sí... Em va contar que havia passat per Pietraperzia, Mazzarino, Butera, Terranova, i molts altres llocs més. Però semblava que vingués de dret d'on havia acabat la guerra. Vestia encara de soldat, però sense les estrelletes.

—I tot a peu? —vaig dir jo—. ¿Per Terranova, Butera, Mazzarino, Pietraperzia...?

I la meva mare:

—A peu... aquell dia feia quaranta-vuit hores que no havia trobat un poble ni ànima vivent.

—I no menjava de feia quaranta hores? ¿No bevia de feia quaranta hores? —vaig dir jo.

I la meva mare:

—I més i tot... L'últim lloc per on havia passat era una masia, i els gossos no deixen acostar els caminants a les masies. Això és el que em va contar i mentrestant havia begut una galleda d'aigua.

Es va aturar com si no tingués res més per dir-me i jo li vaig preguntar:

—Només volia aigua?

—Volia més coses si les podia haver —va dir la meva mare—. No ho demanava, en realitat, però jo li vaig donar un crostó de pa que havia tret del forn no feia pas una hora i l'hi vaig amanir amb oli, sal i orenga, i ell ensumava l'aire, l'olor del pa i deia «Déu sigui beneït!»

De nou la meva mare es va aturar, no contava, responia les meves preguntes, i jo li vaig demanar no sé què, i la meva mare va dir que aquell home se la mirava mentre deia «Déu sigui beneït» i menjava el crostó de pa. I jo de nou li vaig preguntar no sé què, i la meva mare va dir com va entendre que aquell home era afamat i assedegat d'altres coses i no ho demanava, dient «Déu sigui beneït», però volia encara més coses si les podia haver. I jo de nou li vaig preguntar no sé què més, i la meva mare em va dir com havia volgut que l'home no es quedés afamat ni assedegat de res, i com l'havia volgut veure apaivagat, com li semblava cristià i caritatiu apaivagar-lo també en la seva fam i set d'una altra cosa. I jo vaig pensar: «Beneïda barjaula!», i vaig dir:

—Així, doncs, això també va ser una cosa de pas!

—No —va dir la meva mare—. L'home va tornar d'altres tardes.

I jo:

—Així era d'aquesta banda, doncs? ¿No era un caminant?

I la meva mare:

—Era un caminant. Anava a Palerm i havia travessat tot Sicília.

I jo:

—Anava a Palerm? Se'n va anar a Palerm?

I la meva mare:

—Hi anava, però no hi va anar. Va anar fins a Bivona i allí va trobar feina a les mines de sofre, es va quedar allí.

—A Bivona? —vaig dir jo—. Però Bivona és lluny d'Acquaviva...

I la meva mare:

—A l'altra banda de muntanya. Una cinquantena de quilòmetres... Tots els pobles són a una cinquantena de quilòmetres d'Acquaviva.

—No —vaig dir jo—. Casteltermini és més a prop de cinquanta quilòmetres. Per què no es va aturar a Casteltermini?

I la meva mare:

—Potser a Casteltermini no hi havia feina. O potser volia continuar fins a Palerm, i va arribar a Bivona i va canviar de parer.

—¿I feia cinquanta quilòmetres a peu per venir a trobar-te? —vaig dir jo.

I la meva mare:

—Cinquanta d'anada i cinquanta de tornada. Era un caminant... I el setè dia després d'aquella tarda va tornar a comparèixer.

—Va comparèixer moltes vegades? —vaig dir jo.

I la meva mare:

—Diverses vegades. Em duia petits regals. Una vegada em va dur una bresca de mel fresca que va perfumar tota la casa...

—Oh! —vaig exclamar. I vaig dir—: ¿I com és que no va tornar més?

—Doncs, mira —va dir la meva mare. I va estar a punt de continuar, però em va mirar i em va dir—: ¿No em preguntes si era un Gran Llombard?

—Oh! —vaig exclamar jo—. Per què? Què hi té a veure?

—Em sembla que ho era —va dir la meva mare—. Em

sembla que pensava en uns altres deures. ¿No és un Gran Llombard, un que pensa en uns altres deures?

—Pensava en uns altres deures? —vaig exclamar jo—. Ell? El caminant?

—Sí —va dir la meva mare—. Cap a l'hivern hi va haver una vaga a les mines de sofre, i els pagesos també es van rebel·lar, van passar trens carregats de guàrdies...

Ara la meva mare contava, no calia que li preguntés.

—Els ferroviaris no van fer vaga —va dir—. Van passar trens carregats de guàrdies. I en van morir més de cent a Bivona; no de guàrdies; d'ells...

—I tu creus que ell era entre els morts?

—Així ho crec —va dir la meva mare—. O si no, per què no havia tornat?

—Ah! —vaig dir jo. I vaig mirar la meva mare, i vaig veure que ja no tenia res més a fer a la cuina, i que estava serena, tranquil·la, i que amb la mà s'estirava el vestit sobre la cama, i de nou vaig pensar: «Beneïda barjaula!»

TERCERA PART

XXI

Venia un bel queixós de la tarda allí fora, i no es va fondre, pujava, i es va tornar una música: eren caramelles.

—Ara comença el temps de les novenes —va dir la meva mare. Després va afegir—: Cal que vagi a fer la meva volta.

I es va posar a canviar-se les sabates, bo i asseguda, es va treure aquelles d'home i es va posar unes botines de dona que va treure de sota de la taula.

—La teva volta? Quina volta? —vaig preguntar jo.

—Te'n véns amb mi —va contestar la meva mare.

Es va alçar amb les botines als peus i va ser més alta i ondulant, i va passar a l'habitació a vestir-se per sortir, em va parlar des d'allí al mig de la música de les caramelles. Em va dir que s'havia posat a donar injeccions. Suposava, va dir, que no podia esperar res del meu pare i s'havia posat a guanyar-se la vida així, donant injeccions.

Vestida amb un abric negre, i amb una bona bossa una mica de llevadora penjada al braç, em va conduir cap a fora al sol fred, i el viatge a Sicília va tenir una nova represa.

XXII

Vam passar per darrera de la casa, per un carrer que baixava, i, tot caminant pel costat d'unes parets d'horts, vam arribar a una porta i vam trucar. La porta es va obrir.

Dintre era fosc i jo no vaig veure qui ens havia obert. No hi havia finestra; només hi havia a dalt de la porta un porticó amb un vidre negrós, i no vaig veure res, ni tan sols vaig veure la meva mare.

La sentia, però, parlar.

—Duc el meu fill —va dir.

Després va preguntar:

—Com està el vostre marit?

—Com sempre, Concezione —va contestar una veu de dona.

I va exclamar:

—Quin fill més gran que teniu!

I del fons una veu d'home va dir:

—Sóc aquí al llit, Concezione.

Era subterrània, i va dir encara:

—És el vostre fill, aquest?

—És Silvestro —va dir la meva mare.

Parlaven lluny de mi, totes tres veus, i eren de criatures invisibles. Fins si parlaven de mi.

—L'heu fet gran com vós! —va dir la veu de dona.

Em veien i eren invisibles: eren com esperits. I com un esperit la meva mare va posar la injecció, perfectament a les fosques, parlant de l'èter i de l'agulla.

—Heu de menjar —va dir—. Com més mengeu més aviat us curareu. Què heu menjat avui?

—He menjat una ceba —va contestar la veu de l'home.

—Era una bona ceba —va dir la veu de la dona—. La hi he fet al caliu.

—Molt bé —va dir la meva mare—. Li hauríeu de donar un ou, també.

—El diumenge li'n vaig donar —va dir la veu de la dona.

I la meva mare va dir:

—Molt bé.

Del fons de la foscor em va dir:

—Creieu que es posarà bo amb les altres cinc?

—Tot és possible —va contestar la meva mare.

Es va obrir la porta llavors, i la meva mare va fer-se de nou visible, amb la seva bossa de llevadora penjada al braç, a la llinda.

Vam sortir i ens vam posar a caminar de nou, al costat de les parets dels horts, cap a una altra casa de la volta de la meva mare, i vam tombar cap a un carrer que corria sota el primer, de baixada. De cara hi havia, més enllà, els espais de la vall, la muntanya clapada de neu; i per un cantó hi havia petites cases que, entre els seus horts, sorgien contra el cel i la muntanya llunyana; per l'altre, al sol esplendent, però apagat, hi havia caus excavats a les roques sota les casetes i els horts de més amunt. Els horts eren minúsculs; semblaven més amunt, entre teulada i teulada, recipients amb verdures; i pel carrer hi havia cabres mandroses al sol; a l'aire fred hi havia música de caramella amb el dringar de les campanes de les cabres. Era una petita Sicília amuntegada, de nespres i teules, de forats a la roca, de terra negra, de cabres de música de caramella que s'allunyava rera nostre, i es tornava núvols o neu, al cim.

Vaig preguntar a la meva mare:

—Quina malaltia té aquell home?

—Com tots —va contestar la meva mare—. Uns tenen una mica de malària. D'altres tenen una mica de tisi.

XXIII

Només vam caminar un minut o dos, i la meva mare va trucar a una altra porta, i de nou em vaig trobar en la foscor, sobre un terra desigual sense enrajolar, i una olor de pou abandonat.

—Duc el meu fill —va dir de nou la meva mare.

I de nou vaig sentir parlar de mi, gent que no veia, i entre les veus vaig distingir fins una petita veu de nen.

La meva mare va dir:

—Teniu les càpsules?

—Les tenim —va contestar una veu d'home.

Unes altres veus van parlar al mateix temps.

—Encén el foc, Teresa.

—Encén la palla.

I la veu de l'home va parlar amb la veu del nen. Era la veu d'un home que aguantava el fill, d'un any o dos, a coll. La meva mare va dir unes altres coses que es referien a les injeccions, i l'home li va contestar, va fer uns sorolls, va obrir un calaix, amb la petita veu aguda del fill a coll.

Després, en la profunda foscor del pou, va brillar la llum d'un llumí, i jo vaig veure les mans de la meva mare, i passat el moment d'aquella llum sobre les seves mans, vaig sentir la seva veu preguntar:

—Què tal?

Dues o tres vegades va preguntar:

—Què tal?

Va preguntar:

 —Com va?

I la veu de l'home va preguntar fort com la seva:

—Concezione pregunta que com va?

—Eh? —va ser la resposta, llavors.

I la meva mare va preguntar:

—Què li heu donat per menjar?

—Li donarem xicoira aquest vespre —va respondre la veu de l'home.

Va venir després la pregunta sobre quantes injeccions calia posar, i vam deixar aquells esperits, ens en vam anar, la meva mare va dir que era una sort que estigués malalta una dona en lloc d'un home, perquè una dona tant se val que estigui malalta, en canvi si estava malalt un home, adéu...

—Com adéu? —vaig dir jo.

—Ja no mengen més, ni hivern ni estiu —va dir la meva mare.

I va dir que en general les dones no sabien com fer-s'ho quan l'home estava malalt; i no sabien ni tan sols anar a collir una mica de xicoira a la vall, i ni tan sols anar a buscar cargols per la bruguera; no sabien fer res més que ficar-se al llit amb l'home.

XXIV

La música de les caramelles era lluny al cim del poble, perfectament núvol o amb neu, i del fons de la vall pujava ara una remor de torrent.

Vam entrar en una foscor on t'ofegaves. Era fosc i fum; i, amb tot, les veus dels invisibles van parlar calmes com les de les altres cases. Fins la veu de la meva mare va parlar sense torbació del fum.

—Duc el meu fill —va dir.

Va fer els mateixos comentaris que l'altra vegada: va parlar de mi, després de les càpsules, de l'agulla; i per un moment una llum de llumí va brillar sobre les seves mans. Quan el moment de llum va haver passat va dir:

—Què tal, com va?

La resposta va ser:

—Bah!

I la meva mare va preguntar:

—Què li heu donat per menjar?

—Ara menjarem —va ser la resposta.

—Ara és al foc —van dir i tot.

Eren moltes veus.

I així vam sortir de nou, i la meva mare va dir coses del tot contràries a la vegada precedent. Va dir que era una desgràcia que emmalaltís la mare. Era millor que estigués malalt l'home, va dir. Ja que els homes a l'hivern no treballaven i no eren bons per a res, i si es posava malalta la dona, adéu... Perquè la dona, va dir, sempre podia anar a collir xicoira a la vall, o a cercar cargols per la bruguera. La dona, la mare, aguantava la casa.

I de nou vam entrar en una foscor, i de nou la meva mare va esdevenir invisible, parlà invisible.

Va parlar de mi:

—Duc el meu fill.

Després va parlar de les càpsules i de l'agulla, va posar la injecció amb la flama d'un llumí que li va aclarir un moment les mans. Després va preguntar si el malalt havia menjat, i li va ser contestat que alguna cosa menjaria, aquell vespre o demà, i vam sortir, i la meva mare es va tornar visible i va dir el contrari de la vegada precedent, va dir que quan era malalt l'home, adéu...

I encara vam baixar pel fossat negre del carrer, ja del tot fora del sol ara, del tot a l'ombra, amb el dringar de les campanes de les cabres i la remor del torrent, i fred: i encara vam entrar en llocs de foscor i olor de pou, foscor i olor de pou, o foscor i fum, i la meva mare parlava de mi, preàmbul, parlava de càpsules i d'agulla, investigava sobre el menjar, i sempre, quan ens n'anàvem, hi havia una petita aturada d'una veu preocupada que volia saber quantes injeccions calia donar per posar-se bo, i si no calia donar-ne més d'un cert nombre, com cinc o set o deu.

I d'aquesta manera vam viatjar per la petita Sicília amuntegada; de nespres i teules i remor de torrent a fora; d'esperits a dins, en el fred i en la foscor, i la meva mare era una estranya criatura que semblava ser viva amb mi en la llum i amb aquells altres en la tenebra, sense angoixar-se mai com jo, una mica, m'anava angoixant cada vegada entrant o sortint.

Cada vegada, en sortir, ella deia el contrari de l'altra vegada. Una vegada deia que quan emmalaltia l'home, adéu... I l'altra vegada que quan emmalaltia la dona, adéu...

Deia també:

—Uns tenen una mica de tisi, els altres una mica de malària.

I unes vegades deia que era millor tenir una mica de malària que una mica de tisi; i una altra vegada deia que era millor tenir una mica de tisi que una mica de malària. Deia:

—Amb la malària no cal anar a Enna per les medecines.
Em va contar que era un desastre haver d'anar a Enna per obtenir del Dispensari les medecines de la tisi, i haver de fer un llarg viatge, haver de gastar trenta-dues lires, i encara córrer el risc que et tanquessin a l'hospital. La gent, em va explicar, anava a Enna la primera vegada, després ja no hi volia anar més. No podia.

—En canvi amb la malària l'Ajuntament et dóna les medecines —deia.

Però la vegada següent deia:

—Amb la tisi només cal anar a Enna i tens totes les medecines que vols.

Va dir que era un desastre haver de dependre de l'Ajuntament per les medecines de la malària. L'Ajuntament era pobre, no tenia gaires medecines, i mai no donava més d'una capsa. Com podies guarir-te amb una capsa?

—En canvi amb la tisi el Dispensari d'Enna dóna les medecines —deia.

—És gran, és ric, és una cosa del Govern —deia.

I cada vegada deia el contrari d'abans.

XXV

Vam entrar ara, molt a prop de la remor del torrent, en una casa on hi havia llum.

No era una casa excavada a la roca, era una casa de pedra que sorgia del seu hort, al marge de la carretera. Tenia al darrera una finestra, i d'aquella finestra sortia una mica de llum.

—Bona nit, duc el meu fill —va dir la meva mare, entrant.

Ja no es va tornar invisible i jo vaig veure la gent, vaig veure en ells tota la gent que no havia vist abans. Vaig veure, al llit, el malalt, un home amb els ulls aclucats en la cara bruta de barba; i vaig veure cinc o sis dones, com monges, que seien al peu del llit al voltant d'un cubell posat a terra.

Com de costum, la meva mare va parlar de mi primer.

—Duc el meu fill —va dir.

I vaig veure com ho deia, com els altres la miraven en dir aquestes paraules.

—Teniu un fill ben gran! —va dir una.

—Tots són grans i aquest és el més gran —va dir la meva mare.

I la dona va preguntar:

—D'on ha vingut?

Van parlar de mi, com sempre, la meva mare i les dones, i jo vaig veure que tenien el gibrell ple de cargols negres, i prenien els cargols un a un i els xuclaven. Eren dones joves i velles, vestides de fosc, i quan havien xuclat llençaven de nou la closca al gibrell.

—Bon profit —va dir la meva mare.

I es va posar a parlar de les càpsules, i de l'agulla, de l'èter, va obrir la seva bossa, va girar el malalt i li va posar la injecció.

I jo vaig veure com el malalt es quedava bocaterrós.

—Què tal? —li va preguntar la meva mare.

No hi va haver resposta. I de nou la meva mare va preguntar:

—Què tal?

Va contestar una dona vella:

—És inútil... No parla.

—No parla? —va exclamar la meva mare.

—No parla —una altra dona li va contestar.

Les cinc dones xuclaven, assegudes als peus del llit, i la més vella va dir fort:

—Gaetano, parla. És la Concezione.

Lentament el malalt es va girar de costat, però no va contestar. I la dona més vella es va dirigir a la meva mare:

—Heu vist? No vol parlar —va dir.

La meva mare es va inclinar sobre el malalt, i jo vaig veure com li posava una mà sobre l'espatlla.

—Quina història és aquesta, Gaetano! —va dir—. ¿No voleu parlar?

Lentament el malalt es va tombar panxa enlaire i va ensenyar la cara, però de nou no va contestar. Ni, encara, tenia els ulls oberts.

—És inútil Concezione —va dir la dona vella—. No vol parlar... De tot ahir que no parla.

La meva mare va preguntar:

—Ha menjat?

Les dones van assenyalar el gibrell i la més vella va contestar:

—Sí, ha menjat.

Llavors el malalt, de sobte, va parlar. Va dir una paraulota.

Jo el vaig mirar i vaig veure que tenia els ulls oberts. Els tenia fixos en mi, examinant-me, i jo el vaig examinar també, i va ser, un moment, com si ens trobéssim sols, home i home, sense ni tan sols la circumstància de la malaltia. Ni tan sols vaig veure el color dels seus ulls, vaig veure només el gènere humà que contenien.

—D'on veniu? —va dir ell.

—Sóc fill de la Concezione —vaig dir jo.

L'home va tornar a tancar els ulls i la meva mare va dir a les dones:

—L'hauríeu de tenir content.

Després a mi:

—Silvestro, anem.

XXVI

Jo havia estat molt malalt, durant mesos, un temps abans, o coneixia la profunditat d'estar-ho, aquesta profunda misèria en la misèria del gènere humà obrer, especialment quan et trobes al llit des de fa vint dies, o trenta, i romans entre quatre parets, nosaltres i tota la mena de coses del llit, i tota la mena de metall de la cuina, i la fusta de les cadires, de la taula, de l'armari.

No hi ha res més al món, llavors, i mires totes aquestes coses, els mobles, però no es pot fer res, no es pot fer un brou de cadires o d'armaris. I en canvi és tan gran l'armari que hi hauria menjar per mesos. I es miren aquestes coses com si fossin bones per menjar; i és potser per això que les criatures es tornen perilloses i trenquen, trenquen...

El més petit té tot el dia un travesser de cadira a la boca, i bramula si la mare l'hi vol prendre. Ella, la mare, o sigui la muller, o, en fi, la noia, es mira els llibres i de vegades n'agafa un, es posa a llegir-lo. Passa hores fullejant-lo o llegint-lo. I el malalt pregunta:

—Què llegeixes?

La dona no sap què llegeix, però un llibre pot ser alguna cosa, un diccionari o una vella gramàtica. Diu llavors el malalt:

—Precisament ara et vols fer una cultura?

I la dona deixa el llibre, però després torna a mirar la filera de llibres, no totes aquelles coses es mengen i de nou n'agafa un i aquesta vegada surt de casa, i passa a fora una estona de la tarda.

—Quant te n'han donat? —pregunta el malalt.

La dona diu que li n'han donat una amb cinquanta i el malalt no està content, mai no entén massa la situació, té una febre tossuda, al llit vell de dies i dies, al seu flanc. En realitat voldria qualsevol cosa, fora d'aquell llibre que li va pertànyer quan era noi, i s'espera una mica de brou, i al final bramula contra la dona que, en canvi, ha comprat pa i formatge per a ella i les criatures.

—Esparvers —diu de les criatures.

Ells, a escola, tenen cada dia un plat de sopa. És una bona iniciativa, donar cada dia un plat de sopa, a les escoles, als fills de la gent que es mor de fam. Però sembla que sigui un aperitiu. Després d'aquella cullerada de sopa les criatures tornen a casa amb les dents esmolades, i no s'entenen de raons, volen menjar costi el que costi, i són com animals ferotges, devoren els travessers de les cadires, voldrien devorar el pare i la mare. Si un dia trobaven el malalt tot sol, el devorarien. A la tauleta de nit, a la capçalera del malalt, hi ha les medecines. Les criatures arriben d'escola, amb les dents esmolades, agudes, amb la fam aguditzada, i s'acosten al malalt, voldrien menjar-se'l, vénen amb pas de llop... Però hi ha la mare a casa i les criatures deixen estar el malalt i cauen sobre les medecines.

—Esparvers —diu el malalt.

I mentrestant l'home del gas ha tallat el gas, l'home de la llum ha tallat la llum, passen els llargs vespres a les fosques, a la cambra del malalt. Només l'aigua no ha estat tallada; l'home de l'aigua ve cada sis mesos, per tant no corren el perill que arribi i talli l'aigua, i beuen, beuen, beuen aigua tant com poden, cuita d'una manera o altra i fins i tot crua.

Però hi ha la mestressa de la casa que ve cada dia, vol veure el «senyor malalt», vol veure'l cara a cara i quan entra i el veu li diu:

—Molt bé, senyor malalt, quin luxe, eh?, no pagar lloguer i jeure al llit... Envieu-me almenys la vostra dona a rentar els plats.

I la dona va a casa la mestressa a rentar els plats, fregar, passar bugada; tot a compte del lloguer que no han pagat; i el malalt es queda sol a casa llargues hores amb la febre tossuda als flancs que li pega a la cara, li pega, li pega, el colpeja com aprofitant la seva solitud.

Torna la dona, i el malalt li pregunta si no ha dut res de casa la mestressa.

—No res —diu la dona.

Mai no duu res.

—Però, per què no vas a collir herbes als camps, almenys —li pregunta ell.

I diu la dona:

—A on?

Va pels carrers i arriba al parc; als prats hi ha herba, és verda sota els arbres, és verdura, i arrenca herba, i arrenca fulles dels avets i dels pins, després se'n va als jardins i arrenca flors i torna amb verdura cap a casa, fulles i flors apagades al pit. I tot això, ho aboca sobre el malalt i ell és un home entre flors.

—Té —diu la dona—. Verdura!

XXVII

Jo coneixia tot això i encara més, podia comprendre la misèria d'un malalt i de la seva gent al voltant, en el gènere humà obrer. I no la coneix cada home? ¿No la pot comprendre cada home? Cada home ha estat malalt una vegada, al bell mig de la seva vida, i concix això estrany que és el mal, dintre d'ell, la seva pròpia impotència contra aquest estrany; pot comprendre el seu semblant...

Però potser cada home no és home; i no tot el gènere humà és gènere humà. Aquest dubte t'escomet, sota la pluja, quan tens les sabates foradades, i ja no hi ha ningú en particular que t'ocupi el cor, ni vida teva particular, res de fet i res per fer, res per témer, res per perdre, i veus, a l'altre cantó de tu mateix, el carnatge del món. Un home riu i un altre home plora. Tots dos són homes; aquell qui riu també ha estat malalt, està malalt: i, amb tot, riu *perquè* l'altre plora. Ell pot destruir, perseguir, i un que, en la desesperança, el veu que riu, en els diaris, en els comunicats dels diaris, no va amb aquest qui riu encara que plori, en secret, amb l'altre que plora. I no cada home és home, llavors. Un persegueix i l'altre és perseguit; el gènere humà no és tot el gènere humà, sinó aquell, només, que és perseguit. Mateu un home; i serà més home. I així, doncs, és més home un malalt, un afamat: i més gènere humà el gènere humà dels morts de fam.

Vaig preguntar a la meva mare:

—Tu, què en penses?

—De què? —va dir la meva mare.

I jo:

—De tots aquests als qui dónes injeccions.

I la meva mare:

—Penso que potser no podran pagar-me.

—Molt bé —vaig dir jo—. I cada dia hi vas igualment, i els dones les injeccions, i esperes, malgrat tot, que podran pagar-te d'una manera o altra. Però, què en penses d'ells? Què penses que són?

—Jo no espero —va dir la meva mare—. Sé que uns podran pagar-me i uns altres no. Jo no espero.

—Però vas a casa de tots —vaig dir jo—. Però què en penses, d'ells?

—Oh! —va exclamar la meva mare—. Si hi vaig per uns, també puc anar-hi pels altres, no? —va dir—. No em costa res.

—Però què en penses, d'ells? Què penses que són? —vaig dir jo.

La meva mare es va aturar al mig del carrer on érem i em va llançar una ullada lleugerament estràbica. Va somriure i em va dir:

—Quines preguntes més estranyes fas! ¿Què vols que pensi que són? Són pobra gent amb una mica de tisi o una mica de malària...

Jo vaig sacsejar el cap. Feia preguntes estranyes, la meva mare ho podia veure, això, i en canvi no em feia respostes estranyes. I jo volia això, respostes estranyes. Vaig preguntar:

—Has vist mai un xinès?

—I tant —va dir la meva mare—. N'he vistos dos o tres... Passen a vendre collarets.

—Molt bé —vaig dir jo—. Quan tens un xinès al davant i te'l mires i veus que fa fred i no porta abric, i porta el vestit estripat i les sabates foradades, ¿què en penses, d'ell?

—Oh! No res d'especial —va contestar la meva mare—. En veig molts més entre nosaltres que no tenen abric i que tenen el vestit estripat i les sabates foradades...

—Molt bé —vaig dir jo—. Però ell és un xinès, no coneix la nostra llengua i no pot parlar amb ningú, mai no pot riure, viatja entre nosaltres, amb els seus collarets i xals, amb les seves cintes i no té roba, no té diners, i no ven mai res, no té esperança. ¿Què en penses, d'ell, quan el veus que és així, un pobre xinès sense esperança?

—Oh! —va dir la meva mare—. En veig molts aquí mateix, dels nostres, que són així... Pobres sicilians sense esperança...

—Ho sé —vaig dir jo—. Però ell és xinès. Té la cara groga, els ulls oblics, el nas aixafat, els pòmuls sortits i potser fa pudor. Més que tots els altres, ell es troba sense esperança. No pot tenir res. Què en penses, d'ell, tu?

—Oh —va contestar la meva mare—. Molts d'altres que no són pobres xinesos tenen la cara groga, el nas aixafat i potser fan pudor. No són pobres xinesos, són pobres sicilians, i tampoc no poden tenir res.

—Però que no ho veus? —vaig dir jo—. Ell és un pobre xinès que es troba a Sicília, no a la Xina, i ni tan sols pot parlar del temps que fa amb una dona. Un pobre sicilià en canvi pot...

—Per què no pot, un pobre xinès? —va preguntar la meva mare.

—Molt bé —vaig dir jo—. M'imagino que una dona no donaria res a un pobre caminant que fos un xinès en lloc d'un sicilià.

La meva mare va arrufar les celles.

—No en sabria —va dir.

—Veus? —vaig exclamar jo—. Un pobre xinès és més pobre que tots els altres. Què en penses tu, d'ell?

La meva mare estava indignada.

—Al dimoni el teu xinès —va dir.

I jo vaig exclamar:

—Veus? És més pobre que tots els pobres i tu l'envies al dimoni. I quan l'has enviat al dimoni i ho penses, pobre així en el món, sense esperança i enviat al dimoni, ¿no et sembla que és més un home, més gènere humà que tots?

La meva mare em va mirar sempre indignada.

—El xinès? —va dir.

—El xinès —vaig dir—. O també el pobre sicilià, malalt al llit com aquests als qui dones les injeccions. ¿No és més un home i més gènere humà, ell?

—Ell? —va dir la meva mare.

—Ell —vaig dir.

I la meva mare va preguntar:

—Més que qui?

Vaig contestar jo:

—Més que els altres. Ell està malalt, sofreix...

—Sofreix? —va exclamar la meva mare—. És la malaltia.

—Només? —vaig dir jo.

Llavors jo vaig preguntar:

—I quan té fam i sofreix, què és?

—Doncs bé, és la fam —va contestar la meva mare.

—Només? —vaig dir jo.

—I doncs? —va dir la meva mare—. Dóna-li menjar i ha passat tot. És la fam.

Jo vaig sacsejar el cap. No podia aconseguir respostes estranyes de la meva mare, i, amb tot, vaig preguntar encara:

—I el xinès?

La meva mare, ara, no em va tornar resposta; ni estranya ni no estranya; i es va arronsar d'espatlles. Tenia raó, és clar: traieu la malaltia al malalt i no hi haurà dolor; doneu menjar a l'afamat i no hi haurà dolor. Però l'home en la malaltia, què és? I què és en la fam?

No és, la fam, tot el dolor del món esdevingut fam? ¿No és, l'home en la fam, més home? ¿No és més gènere humà? I el xinès?...

XXVIII

Ara ja no baixàvem més cases avall, tornàvem a pujar per l'altre vessant, des del fons de la vall, anàvem cap al sol i la música de les caramelles com núvols o neu, a dalt.

—Has estat mai malalta, tu? —vaig preguntar a la meva mare.

—Una vegada —va contestar la meva mare.

—Què va ser? —vaig preguntar jo.

—No ho sé —va contestar la meva mare—. No vaig voler el metge i em vaig posar bona tota sola.

—Et vas posar bona tota sola? —vaig dir jo—. Sempre especial, tu...

—Especial? —va exclamar la meva mare—. ¿Com, especial?

—Dic que potser —vaig contestar— et creies diferent dels altres. No és així?

—Jo no pensava res —va dir la meva mare.

I jo li vaig preguntar:

—Va estar mai malalt el pare?

—I tant! —va contestar la meva mare—. A cada moment estava malalt. Tenia la malària.

—És clar —vaig dir jo—. El pare volia el metge.

I la meva mare:

—I tant! Era com una criatura. Li venia el fred, la febre alta, sabíem que era la malària, i en canvi el metge igualment...

I jo:

—El pare era un home humil.

I la meva mare:

—Tenia por.

I jo:

—Era un home humil.

Em sentia una mica cansat, el camí pujava, amb una petita paret en aquell punt, i m'hi vaig recolzar. Havia viatjat, de la meva calma a la desesperança, i era de viatge encara, i el viatge era també conversa, era present, passat, memòria i fantasia, no vida per a mi, i en canvi moviment, i em vaig recolzar a la petita paret, vaig pensar en el meu pare cansat, ni Macbeth, ni rei, amb els seus ulls blaus.

Malalt, estava carregat de tot el dolor del món, i acceptava de no ser Macbeth, reclamava el metge, volia posar-se bo, era com una criatura.

Un home, és més un home quan és com una criatura? És humil, admet la pròpia misèria i en la pròpia misèria crida. És més gènere humà?

—Era un home humil, en el fons —vaig dir de nou.

Vaig mirar-me la meva mare i em vaig apartar de la petita paret.

—I l'avi no va estar mai malalt? —vaig preguntar.

—Va estar molt malalt —va contestar la meva mare.

—Com? —vaig exclamar—. Ell també?

—Per què no? —va dir la meva mare—. Va ser cap als quaranta anys, i jo en tenia set o vuit.

—M'imagino que no va voler el metge —vaig dir jo.

—No —va dir la meva mare—. Es va posar bo tot sol... Va venir una vegada el metge dels pobres, però no va tornar més, ell no el volia.

I jo:

—Naturalment! Pensava que era especial.

I la meva mare:

—Quines històries! Pensava que no estava malalt...

—És clar —vaig dir jo—. Pensava que era especial, que no es podia posar malalt, un com ell. Era un home orgullós!

La meva mare va redreçar-se i es va sentir orgullosa.

—Cert. Era un home orgullós —va dir.

—I què va ser? —li vaig preguntar jo—. ¿Una mica de tisi o una mica de malària?

—Res d'això —exclamà la meva mare—. Va estar molt malalt —va dir—. Va morir i va ressuscitar!

Sense recolzar-me ja a la petita paret, sinó al braç de la meva mare, jo vaig pensar en els homes, en mi mateix, en el pare, en l'avi, homes humils i homes orgullosos, i vaig pensar en la humanitat i en l'orgull en la misèria, i em vaig sentir orgullós de ser fill d'home.

Alguns, és cert, no eren homes; i no tot el gènere humà era gènere humà. Però no perquè fos humil, un home deixava de ser un home. I menys perquè fos orgullós.

Un home podia cridar com una criatura, en la misèria, i ser més home.

I podia negar la pròpia misèria, ser orgullós, i igualment ser més home.

Un home orgullós és un Gran Llombard i pensa en uns altres deures, quan és un home. Per això ell és més home. I per això potser la seva malaltia és mort i resurrecció.

—Va ser una pulmonia —va contar la meva mare—. O una cosa per l'estil. I no va voler el metge. Va dir que no estava malalt. Va engegar el metge dels pobres. El pa era molt car, li va dir, per als pobres. Cada mos costa una jornada de treball. I va engegar el metge. Nosaltres hem de treballar, li va dir. I va continuar treballant les seves catorze hores diàries. Fins que una nit va morir i va ressuscitar.

—Era gran, l'avi —vaig dir jo.

—Era gran —va dir la meva mare.

Pujant amunt pel vial havíem sortit de l'ombra de la vall, havíem arribat al sol i la meva mare va dir:

—Però, com et sembla que les dono, les injeccions? Bé, oi?

—Bé —vaig dir jo.

—Veus? —va dir la meva mare, tota triomfadora, estava satisfeta—. Veus? —va dir—. Em puc guanyar la vida tota sola.

Havíem arribat lluny de la remor del torrent, érem al sol, de cara al sol, que d'aquí poc es pondria, i podia sentir com s'estenia pels cims del poble, la neu o els núvols de la música de les caramelles.

—Ara anem a casa la vídua —va dir la meva mare—. És una que té alguns dinerons, aquesta. Paga bitllo-bitllo.

XXIX

La vídua era una dona d'una quarantena d'anys amb un bon coixí de carn a sobre, i vivia al primer pis, en una casa de dues o tres habitacions de sostre alt.

—Li diuen la vídua —va dir la meva mare—, però no és realment una vídua. És una que va ser la mantinguda d'un gran senyor...

—I per què es fa donar injeccions? —vaig preguntar jo.

—Perquè és una senyora —va contestar la meva mare—. I els senyors es fan donar injeccions. I ella s'hi ha acostumat amb ells. Però potser té una mica de tisi, també.

Era una dona de bon veure, de totes maneres, i tenia un bon coixinet de carn a sobre. Semblava que vivia sola, en les seves habitacions; ens va venir a obrir ella mateixa.

—Us esperava, Concezione —va dir—. He sabut que us havia arribat el fill. És ell?

La casa, del portal cap amunt, feia una olor forta, com si tota la tardor s'hi hagués instal·lat a fermentar el most. Aquesta és l'olor de les cases no pobres de la ciutat, a Sicília, estucades, no enquitranades; i companya carnal de la foscor. La vídua ens va acollir sorollosa, rient, i tenia el pit gran, la veu rica de pit de grans mamelles i els ulls negres i els cabells negres.

—Suposo que he fet bé de dur-lo —va dir la meva mare—. Un fill esplèndid, no?

—I alt i fort! —va dir la vídua—. Digne de vós, Concezione.

I reia sorollosa, i ens va introduir a les seves habitacions que feien olor, com el portal i l'escala, de most, però també de canyella, una mica, i eren velles, sense gaires mobles, i sense res més a les parets que ventalls de postals il·lustrades, i més aviat fosques, sense gaire llum, perquè els balcons donaven sobre un jardinet tancat, a tramuntana. La meva mare va continuar parlant de mi.

—Com ho heu sabut que m'havia arribat? —va dir—. Suposo que hauria fet mal fet de no dur-lo...

—Oh —va contestar la vídua—. M'hauria quedat amb la curiositat de coneixe'l.

Va oferir-nos vulgues no vulgues marsala i secalls. Des de la taula, on els va oferir, es veia la casa sencera, dues o tres habitacions amb moltes portes, totes esbatanades, i amb una taula a cada habitació, amb un immens llit, amb un cobertor de color rosa en un llit.

—Vet aquí —deia la vídua.

I reia sorollosa. Em va fer unes quantes preguntes sobre l'Alta Itàlia. I a la meva mare li va preguntar si m'havia dut a totes les cases de la seva volta.

—Naturalment —va dir la meva mare. I estava satisfeta d'haver-me imposat a tantes cases, va afegir que m'havia volgut ensenyar com donava bé les injeccions. I la vídua va riure. Em va mirar, a mi, un home, amb els ulls negres. I amb veu rica de pit amb unes grans sines va dir:

—Però amb mi no, Concezione.

—Què, amb vós no? —va dir la meva mare.

—Amb mi no li ensenyareu com doneu bé les injeccions.

—Per què no? —va dir la meva mare.

I la vídua va riure, va dir:

—Jo no em deixo donar la injecció davant d'ell.

—Per què no? —va dir la meva mare. I estava armada de la voluntat d'imposar-me.

—Per què no? —va dir.

—Perquè no cal, Concezione —va contestar la vídua—. Aquí no cal —va dir—. Hi ha tantes habitacions. Pot esperar sense haver de sortir de casa.

—Però no és això —va dir la meva mare—. Jo vull que vegi com dono la injecció.

—Ja ho ha vist prou vegades —va contestar la vídua—. No cal que ho vegi aquí també.

I es va tombar cap a mi i rient va dir-me:

—No és veritat, senyor Silvestro?

—Sí, suposo —vaig dir jo. Però m'agradava que m'imposés.

—De què, sí? —va preguntar aleshores la meva mare—. No vols veure com dono la injecció a la senyora?

—Oh, sí! —vaig contestar jo.

—Molt bé —va dir la meva mare—. Ho vol veure.

—Però Concezione —va contestar la vídua—. Jo no vull que em vegi.

—Ha! Ha! —va dir—. Però és el meu fill. És com jo mateixa...

La meva mare va riure.

—Però és un jovenot —va dir la vídua.

I la meva mare va dir:

—Creieu que no ha vist mai cap dona en la seva vida?

La vídua llavors no va dir res més. Va riure i es va rendir. I amb un gran gest cap a mi digué rient:

—I ell com espera, el poca-vergonya!

Es va ajeure al llit i la meva mare la va descobrir.

—Això és un abús, Concezione —va dir sobre el coixí, rient.

I la meva mare li va clavar l'agulla a la carn, amb gust, després em va mirar, victoriosa i exhibint aquella carn, va dir:

—Mira que n'és, de ben feta.

La vídua s'agitava sobre el llit, rient.

—Oh!, Concezione! —deia.

—Té prop de quaranta anys —va dir la meva mare.

Jo vaig fer un compliment.

I la vídua va cridar:

—Oh, senyor Silvestro! —Es va endurir, volia alçar-se, però la meva mare la mantenia ajaguda, descobrint-la més amunt.

—Espereu que us vegi bé —va dir. I a mi—: Mira, Silvestro.

—Però és un abús —va dir la vídua, es debatia, volia alçar-se.

Per fi la meva mare la va deixar alçar, i la vídua, rient i tota vermella, em va dir:

—Quin poca-vergonya n'hi ha, de vós, senyor Silvestro.

Ens va saludar cordial, i la meva mare i jo vam sortir al carrer, a la música de les caramelles i al sol, de cara al sol que es ponia, i vam riure, i la meva mare va dir que la vídua havia fet tantes històries perquè havia estat una mantinguda i no se sentia en una posició regular.

—Però és una bona dona —va dir—. I està ben feta, no? —va afegir. I em va mirar, em va fer l'ullet i mentrestant travessàvem el carrer.

—Oh, sí! —vaig dir.

—I té una carnació ben fresca —va afegir la meva mare.

—Oh, sí! —vaig dir.

I la meva mare:

—Una de les millors per a la seva edat aquí, al poble.

I jo:

—Ho suposo.

I la meva mare:

—Però n'hi ha de millors a la seva edat.

—Jo era millor que ella —va dir—. I no crec que fes mala figura si m'hi comparaven ara que tinc cinquanta anys —va dir també.

—Oh, no! —vaig dir jo.

—Em conservo bé, eh? —va dir la meva mare.

—Oh, sí! —vaig dir jo—. Ni un cabell blanc, no tens.

I la meva mare:

—Si veiessis com estic de fresca a sota.

I jo:

—Pots estar orgullosa de tu.

—Naturalment —va exclamar la meva mare—. Li ho deia al teu pare. Hauries de sentir-te orgullós d'una dona tan fresca a la meva edat... Però ell no hi entén gens, en dones. Només parla de les mans fines i dels ulls i tornem-hi amb les seves poesies.

—M'imagino que no pot parlar d'altres coses en les seves poesies —vaig dir jo.

—Molt bé, doncs hauria pogut considerar les altres coses abans de parlar —va dir la meva mare—. S'hauria sentit orgullós de mi, si hagués considerat les altres coses. El meu pare se sentia tan orgullós de mi i de les seves altres filles... Deia que no hi havia cap noia que tingués l'esquena tan ben feta com la nostra a tot Sicília... Ah, n'estava orgullós, de mi, el meu pare!

XXX

Més amunt, de cara al sol que es ponia, havíem arribat a un portal gran com aquell de la vídua, potser una mica més petit i amb menys pretensió, amb un picaporta trencat.

—Ara anem a casa d'una amiga meva —va dir la meva mare.

—Per donar-li una injecció també? —vaig preguntar.

—Sí —va contestar la meva mare—. Vull que vegis que fresca està, també... Potser més que la vídua... I té quasi quaranta anys, també.

—I és vídua, també? —vaig preguntar—. Vull dir —vaig preguntar—, si ha estat la mantinguda d'un gran senyor, també.

—Oh, no! —va dir la meva mare—. És una dona casada. Té quatre fills...

Vam entrar, per la porta corcada, a l'entrada, i també allí, per les escales, hi havia l'olor vella del most, característica de les cases no pobres de Sicília. Però a la casa, després, tot hi era molt disminuït; era tot massa vell, a la casa, mobles, rajoles, cortines, les vànoves dels llits, tot massa vell i mort, i feia olor de pols més que d'altra cosa.

—Per què es fa donar injeccions? —vaig preguntar jo—. Està malalta?

—No —va dir la meva mare—. Em sembla que està una mica anèmica.

—I es deixarà posar les injeccions davant meu? —vaig dir jo.

—I per què no? —va dir la meva mare.

—Però si no ho vol no hi insisteixis —vaig dir jo.

—Però és clar que ho voldrà —va dir la meva mare.

Vam entrar a la casa introduïts per un nen de cinc anys que ens va obrir la porta. Dues criatures més ens van venir a trobar; un potser de set anys, i un altre de vuit o nou, amb els cabells llargs i llargs davantals, de manera que no se sabia si eren mascle o femella. «Concezione! Concezione!», bramulaven, i ens van dur endavant i endarrera de la casa, tot habitacions molt fosques, i després d'una terrasseta ens va venir a trobar una noia d'uns quinze anys o setze que es va posar a dir també: «Concezione! Concezione!»

I per fi va venir la senyora amiga de la meva mare.

—Concezione! Concezione! —va dir.

Era una dona no gaire alta, no pas gens anèmica d'aspecte, i fins i tot rodoneta i agradable, de bones carns i jove. Es va llançar sobre la meva mare i la besà, amb els braços al coll, com si no l'hagués vista de mesos i, entre les criatures que saltaven i cridaven, va dir:

—Ho sabia, que portaries el teu fill!

—Ho has sabut, que m'havia arribat? —va dir la meva mare.

—Sí —va contestar l'amiga de la meva mare—. Ho he sabut de seguida i per això he pensat que me'l duries. Quin fill tan esplèndid!

Xisclaven les criatures, parlava la noia, i érem en una habitació amb el llit de matrimoni, i altíssim, i la meva mare va dir a la seva amiga:

—Apa, estira't al llit.

—Me la poses davant d'ell? —va dir l'amiga a la meva mare.

—I per què no? Vols enviar-lo a fora? —va exclamar la meva mare.

—No dic això —va contestar l'amiga de la meva mare.

Totes les criatures eren a l'habitació, la noia també, i la senyora amiga de la meva mare va dir:

—Em fa una certa cosa. És tan gran!

La meva mare va riure i ella va riure amb la meva mare. I la noia i tot va riure.

—Me l'he fet jo tota sola tan gran —va dir la meva mare—. No t'ha de fer res.

L'amiga de la meva mare es va estirar al llit.

—M'imagino que n'ha vistes tantes, de dones! —va dir.

Es va destapar ella mateixa, i, mentre esperava que la meva mare la punxés, va dir:

—M'imagino que n'ha vistes de més apetitoses que jo.

Les criatures saltaven pel voltant, cridant, i la meva mare encara no estava a punt de punxar, va dir:

—Tens por de fer-li venir gana?

Va riure i la noia va riure amb ella, i l'amiga de la meva mare, mentre les criatures saltaven a l'entorn, va riure contra el coixí i exclamà: —I ara, Concezione, sé molt bé que podria ser la seva mare.

I llavors jo vaig dir:

—No crec pas que això hi compti...

Tenia una carn bonica; volia fer un compliment. I ella va cridar:

—Què vol dir, amb això?

I la meva mare va cridar:

—Vols dir que et fa venir gana?

—Per què no? —vaig dir jo.

—Oh! —va dir l'amiga de la meva mare tot rient.

—Oh! —va cridar la meva mare tot rient.

La noia va riure amb totes dues, i la injecció va ser donada, l'amiga de la meva mare es va alçar per parlar-me, rient, amb un dit amenaçador sota la meva cara.

—Sabeu què sou, vós? —va dir—. Sou un impertinent.

Així que vam ser fora, la meva mare em va preguntar:

—De veres t'ha fet venir gana?

—Per què no? —vaig contestar jo.

—Oh! —va exclamar la meva mare i va riure.

—Una dona que té deu anys més que tu! —va dir.

I afegí:

—I la vídua i tot t'ha fet venir gana?

—I tant! —vaig contestar jo—. Potser més i tot...

—Oh! —va exclamar la meva mare.

Va riure i va dir:

—Si ho arribo a saber, no t'hauria deixat veure res.

Però hi havia una gran alegria dintre seu, en certa manera se sentia victoriosa, i vam arribar, per aquell carrer que pujava, fins en una mena d'espai obert a tota la vall i el sol que es ponia.

La meva mare va mirar el sol, després em va preguntar:

—Quan va ser la primera vegada que vas veure com era feta una dona?

XXXI

Seguia sense parar la música de caramella en l'aire fred lluent del sol, i ara era viva, ni neu, ni núvols, molt a prop, i amb ella hi havia el dringar de les esquelles de les cabres, dringar ple, no un esquellerinc difús, era com si ramats i ramats passessin per darrera de les cases.

—Quan va ser la primera vegada? —vaig dir jo.

Em vaig posar a pensar, tractant de recordar per contestar a la meva mare.

—Sí, la primera vegada que vas veure com era feta una dona —va dir la meva mare.

I jo vaig tractar de recordar-ho: m'agradava de recordar-ho i era fàcil.

—Em sembla que ho he sabut sempre, com era feta una dona —vaig dir.

—¿Fins i tot als deu anys, quan eres un galifardeu i saltaves del tren en marxa? —va exclamar la meva mare.

—Sí —vaig dir jo—. Ho sabia ben bé com era feta una dona, als deu anys.

—Fins i tot als set anys? —va exclamar la meva mare—. ¿Fins als set anys, que eres un marrec i seies a la falda de les meves amigues?

—Em sembla que sí —vaig dir jo—. Fins i tot a set anys. On vivíem, quan tenia set anys?

La meva mare va treure els comptes.

—Era el primer any de la guerra —va dir—. Érem a Terranova. Vivíem en una casa de peons caminers a un quilòmetre del poble.

—A Terranova? —vaig dir jo.

Havia llegit les *Mil i una nits* i tants llibres allí, de vells viatges, a set i vuit i nou anys, i Sicília era encara això, allí, *Mil i una nits* i vells pobles, arbres, cases, gents de vells temps a través dels llibres. Després ho havia oblidat en la meva vida d'home, però ho tenia en mi, i ho podia recordar, retrobar. Feliç aquell qui té coses per retrobar!

És una sort haver llegit quan eres criatura. I doble sort haver llegit llibres de vells temps i vells pobles, llibres d'història, llibres de viatges i les *Mil i una nits* precisament. Hom pot recordar allò que ha llegit com si en certa manera ho hagués viscut, i té la història dels homes i tot el món en si, com la pròpia infància. Pèrsia als set anys, Austràlia als vuit, Canadà als nou, Mèxic als deu, els hebreus de la Bíblia amb la Torre de Babilònia i David a l'hivern dels sis anys, califes i sultanes en un febrer o un setembre, a l'estiu les grans guerres amb Gustavo Adolfo etcètera per la Sicília-Europa, en una Terranova, una Siracusa, mentre cada nit el tren se'n duu soldats per a una gran guerra que és totes les guerres.

Jo vaig tenir aquesta sort, de llegir molt en la meva infància, i, a Terranova, Sicília significa també Bagdad i Palau de les Llàgrimes i jardins de palmeres per mi. Vaig llegir-me les *Mil i una nits* i altres coses, en una casa que era plena de sofàs i de noies d'un amic qualsevol del meu pare, i en recordo la nuesa de la dona, com de sultanes i odalisques, concreta, certa, cor i raó del món.

—Sí, ho sabia més que mai als set anys com era feta una dona —vaig dir.

—Més que mai? —va dir la meva mare.

—Més que mai —vaig dir jo—. Ho sabia i ho veia. Ho tenia sempre davant els ulls, com és feta una dona.

—Què vols dir? —va exclamar la meva mare—. ¿Hi pensaves?

I jo:

—No. No hi pensava. Ho sabia i ho veia. Això era tot. Ja n'hi ha prou, no?

—De qui ho veies? —va preguntar la meva mare.

I jo:

—De cada dona... Era molt natural per mi. No era malícia.

Així era. No era malícia. Però era la dona, fos com fos. Als set anys no coneixes el mal del món, tampoc el dolor, i tampoc la desesperança, no et trobes commogut per furors abstractes, però coneixes la dona. Mai un nascut de sexe masculí no coneix tan bé la dona com als set anys o abans. Aquesta, davant d'ell, no és excitació llavors, sinó alegria, i ni tan sols broma. És certesa del món; immortal.

—Una vegada, quan tenia set anys —vaig explicar a la meva mare—, una filla d'uns amics nostres es va posar malalta i va morir. Va ser com els teus malalts, no sé si orgullosa o humil, i jo continuava anant a casa seva, sovint em trobava hores i hores al costat del seu llit. La coneixia de feia temps; solia jugar amb mi, m'asseia a la seva falda, i es canviava la camisa davant meu. Quan estava malalta venia cada dia una dona i li donava una injecció, i jo era allí, la veia com ara he vist la vídua i la teva amiga. No era el mateix, naturalment. No em feia venir gana de res. Però un dia ella em va dir: «Em moriré!»

—I què? —va exclamar la meva mare.

—No res —vaig dir jo.

—Com, no res? —va exclamar la meva mare—. Era una de les nostres amigues Aladino, una noia bonica...

—Era una casa de noies boniques, oi? —vaig dir jo.

—Sí —va explicar la meva mare—. El seu pare anava i venia de Malta amb carregaments de pega grega i alguna d'elles l'acompanyava de tant en tant. Després una es va quedar a Malta, va casar-se amb un argenter... L'altra es va casar amb un viatjant. I aquella altra es va morir.

La meva mare va acabar d'explicar-se i preguntà:

—I què més? Tu parlaves de quan va morir...

—Ja t'ho he dit —vaig contestar—. Ella es va morir i jo vaig continuar anant a aquella casa. Em mirava les seves germanes en lloc d'ella.

—No et va desplaure la seva mort? —va preguntar la meva mare.

—No ho sé —vaig dir jo—. Veia les altres, nues com ella... Mai no ha estat tan bonic —vaig dir.

—Com? —va exclamar la meva mare—. ¿Mai més no has vist dones tan ben fetes com les Aladino?

—No dic això —vaig dir jo.

—I la teva dona? —va exclamar la meva mare—. ¿No és tampoc com les Aladino, la teva dona? Quina dona tens?

—No dic això —vaig dir jo.

—Has vist molt poques dones! —va exclamar la meva mare.

—No dic això —vaig dir jo per tercera vegada.

I la meva mare va dir:

—Vine, ara anem a casa de la senyoreta Elvira. Veuràs que ben feta per ser una noia als vint anys.

Va apressar el pas, i caminava davant meu, entre la gent, entre les cabres, en el gran sol vermell que es ponia i enmig del gloriós belar de la música de les caramelles, i va dir encara:

—Sempre he pensat que potser els meus fills no havien vist mai una cosa semblant, quan poso la injecció a la senyoreta Elvira.

QUARTA PART

XXXII

Però jo estava tip i cuit d'aquells malalts i d'aquelles dones, i vaig contrariar la meva mare, no vaig voler anar a casa de la senyoreta amb ella.

Vam arribar sota el casal, a la meitat de la muntanya de cases, i li vaig dir:

—T'espero aquí baix.

—Amb quina història em surts, ara? —va cridar la meva mare.

Es va girar com per pegar-me, com una mare ofesa, però em va trobar home de trenta anys, no un noi i quasi es va estranyar; i va parlar, cridà:

—Quin ximple! —va cridar.

Però vaig guanyar jo, perquè realment no volia pujar, la roda del viatge s'havia clos en mi, ara per ara. ¿Amb quina finalitat havia de veure una altra dona? ¿I un altre malalt encara? Amb quina finalitat? ¿Amb quina finalitat per a mi? I amb quina finalitat per a ells?

Mort o immortalitat, jo les coneixia; i Sicília o el món era la mateixa cosa. Vaig mirar el casal, i vaig pensar en la dona, allí dins, a punt per a l'agulla de la meva mare, i per als meus ulls, per a l'home; i em vaig refusar de pensar-la més immortal que qualsevol altra o que un malalt o que un mort; em vaig posar a seure sobre un guarda-rodes.

—T'espero aquí baix —vaig dir de nou a la meva mare.

Després, esperant, vaig veure venir de baix, de la vall, un estel i el vaig seguir com passava sobre meu amb els ulls en la llum alta, em vaig preguntar per què, després de tot, el món no era sempre com als set anys, *Mil i una nits*. Sentia les caramelles, els esquellots de les cabres i les veus per l'escalinata de les teulades i per la vall, i va ser moltes vegades que m'ho vaig preguntar, mentre, en l'aire, em mirava aquell estel. Se'n diu dragó volant, a Sicília, i és en certa manera Xina i Pèrsia per al cel sicilià, safir, òpal i geometria, i jo no podia preguntar-me, tot mirant-lo, per què en realitat la fe dels set anys no existeix sempre, per a l'home.

O potser seria perillosa? Un, a set anys, troba miracles en totes les coses, i de la seva nuesa, de la dona, té la certesa d'elles, com suposo que ella, costella nostra, la té de nosaltres. La mort hi és, però no destrueix la certesa; no fa cap mena d'ofensa, llavors, al món de les *Mil i una nits* de l'home. De noi només demanes paper i vent, només et cal llançar l'estel. Surt i el llança, i és un crit que surt d'ell mateix, i el xicot el duu per les esferes amb fil llarg que no es veu, i així la seva fe consumeix, celebra la certesa. Però després, què en faria, de la certesa? Després coneix les ofenses fetes al món, la impietat i la servitud, la injustícia entre els homes i la profanació de la vida terrena contra el gènere humà i contra el món. ¿Què en faria llavors, si continuava tenint la certesa? Què en faria?, hom es pregunta. Què en faria jo, què en faria?, em vaig preguntar.

I l'estel va passar, vaig treure els ulls del cel i vaig veure un esmolet que s'havia aturat al davant del casal.

XXXIII

Tot el carrer era ple de sol, obert a la vall, i l'esmolet brillava pertot arreu i pel seu carret, negre de cara als meus ulls enlluernats.

—L'esmolet! L'esmolet! —va cridar ell a les finestres del casal. Veu estrident foradant vidres i pedres; i jo vaig notar que era una mena d'ocell salvatge, amb un barret al cap com aquells que es veuen als camps, a les babarotes.

—No hi ha res per esmolar? —va cridar.

Va semblar que es dirigia a mi i jo vaig deixar el guarda-rodes i em vaig acostar a la seva veu, travessant el carrer.

—A vós us ho dic, foraster —em va cridar ell.

Era alt sobre unes cames escardalenques i semblava un pollastre enfilat al seu cavallet, movent la roda endavant i endarrera per provar-la.

—Heu dut alguna cosa per esmolar, al poble? —em cridà.

La roba del viatge va començar a moure's altre cop en mi, per això vaig furgar-me les butxaques, primer l'una, després l'altra, i mentre anava a una tercera, l'home continuà.

—No teniu una espasa per esmolar? No teniu un canó per esmolar?

Jo vaig treure un trempaplomes, i l'home me'l va arrencar de la mà, i es posà furiosament a esmolar; i em mirava amb la cara negra com de fum.

Li vaig preguntar:

—No hi ha gaires coses per esmolar al poble?

—Res que valgui la pena —va contestar l'esmolet. I sempre em mirava mentre els seus dits es movien, amb la petita fulla al mig, a la mola de la roda, i era rioler i era jove, era un tipus simpàtic, magre sota el barret de babarota.

—No gran cosa —va dir—. Res que valgui la pena. No gran cosa per quedar content.

—Prou que deveu esmolar ganivets. Prou que deveu esmolar estisores —vaig dir jo.

—Ganivets? Estisores? ¿Creieu que existeixen encara ganivets i estisores en aquest món?

I jo:

—Em creia que sí. ¿No hi ha ganivets i estisores en aquest poble?

Els ulls de l'esmolet, tot mirant-me, brillaven com blanc de ganivets, i de la boca badada en la cara negra la veu sortia una mica ronca, amb entonació burleta.

—Ni en aquest poble ni als altres —va cridar—. Corro per pobles semblants, i esmolo per als quinze o vint mil habitants que hi ha, i no veig mai ni ganivets ni estisores.

Vaig dir jo:

—¿Però què us donen per esmolar, si no veieu mai ni estisores ni ganivets?

I l'esmolet:

—Això els pregunto sempre. ¿Què em donareu per esmolar? No em donaríeu una espasa? ¿No em donaríeu un canó? I els miro a la cara, als ulls, veig que tot el que em donen no es pot dir ni que sigui un clau.

Va callar, ara, deixant córrer fins i tot de mirar-me; i es va encorbar sobre la roda, va accelerar el pedal, i esmolà bo i concentrat més d'un minut. Per fi digué:

—Dóna gust esmolar una vertadera fulla. La podeu llançar i és un dard, la podeu clavar i és punyal. Ah, si tots tenien una vertadera fulla!

Vaig preguntar.

—Per què? Penseu que passaria alguna cosa?

—Oh, sempre em donaria gust esmolar una vertadera fulla! —va contestar l'esmolet.

Va tornar a esmolar amb furiosa concentració durant uns segons, després, alentint, a sota veu, afegí:

—De vegades em sembla que n'hi hauria prou que tots tinguessin dents i ungles per fer-se esmolar. Els les esmolaria com dents d'escurçó, com ungles de lleopard...

Em va mirar i em va fer l'ullet, amb els ulls lluents i la cara negra i va dir:

—Ha! Ha!

—Ha! Ha! —vaig dir jo i vaig fer l'ullet.

I ell es va inclinar a la meva orella, em va parlar a cau d'orella. I jo escoltava les paraules a la meva orella, rient: «Ha, ha!», i vaig parlar-li a cau d'orella, i vam ser dos que ens parlàvem a cau d'orella, i rèiem, i ens clavàvem cops a l'esquena.

XXXIV

Després l'esmolet em va donar la meva fulla, esmolada com fletxa o punyal, i jo li vaig preguntar quant costava, ell em va dir que quaranta cèntims, i jo vaig treure quatre monedes, de deu cada una, i les vaig posar sobre la fusta del seu cavallet.

Va obrir un calaixet i vaig veure que estava dividit en tres seccions, amb monedes de vint i deu cada una per la suma de potser cinc lires o sis. Vaig dir jo:

—Una magra jornada, avui!

Però ell ara no m'escoltava, vaig notar que movia els llavis, murmurava. Estava absort i feia sonar les meves monedes entre els dits, i el murmuri va esdevenir a poc a poc fort:

—Quatre de pa —vaig sentir—, quatre de vi... —Després, de cop—: I l'home dels bigotis?

Va tornar a començar més fort:

—Quatre de vi. Quatre de bigotis... —i de cop—: I el pa?

Llavors vaig dir:

—Però, ¿per què no ho poseu tot junt i ho dividiu després?

—Massa arriscat —va dir l'esmolet—. Algun cop m'ho menjaria tot, alguna vegada m'ho beuria tot... —Es va gratar la nuca, i em va restituir deu cèntims, mirant el cel—: Teniu; volia prendre-us deu cèntims de més, però Déu no ho vol. Era aquest diner de sobres que ho enredava tot.

Jo me'ls vaig tornar a posar a la butxaca, els deu cèntims, i ell va tornar els ulls del cel a la terra, satisfet va distribuir les tres monedes que li havien quedat a les tres seccions del caixó.

—Deu de pa, deu de vi, i deu de bigotis —va dir.

I va agitar les mans lliures, va engrapar la mola pels barrots i va emprendre el carrer que pujava a la llum del sol, que ara acabava de pondre's.

Jo no vaig dubtar a seguir-lo.

—Aneu amunt? —vaig dir—. Vinc amb vós.

Però, encara que satisfet d'haver resolt el problema, ja no estava alegre, més aviat trist i no parlava. Caminava mirant enlaire movent a dreta i a esquerra, a esquerra i a dreta el cap sota el vell barret de babarota. I tot ell era una mica babarota, per la seva cara negra, pels ulls brillants, per la boca immensa, i per la jaqueta apedaçada, els pantalons esparracats, els sabatots, pels ossuts moviments de les llargues cames i dels colzes.

—Ja em perdonareu —va dir al cap d'una estona—. He pensat que ho podia fer perquè éreu foraster.

—No és res —vaig dir—, deu cèntims de més o deu cèntims de menys...

I ell:

—El cas és que un no sap com els ha de tractar, els forasters. Hi ha esmolets que fan pagar quaranta cèntims, per altres pobles, i un els perjudica si en fa pagar seixanta cèntims, no trobeu?

Una mica tranquil·litzat ell, i divertit jo, vam anar endavant en silenci un tros de carrer, i el sol s'havia post, una dringadissa baixava del cim de les cases.

Després l'esmolet va aclarir-se la gola.

—El món és bonic.

I jo també em vaig aclarir la gola:

—M'ho imagino —vaig dir.

I l'esmolet:

—Llum, ombra, fred, color, alegria, sense alegria...

I jo:

—Esperança, caritat...

I l'esmolet:

—Infància, joventut, vellesa...

I jo:

—Homes, criatures, dones...

I l'esmolet:

—Dones boniques, dones lletges, gràcia de Déu, trapelleria, honestedat...
I jo:
—Memòria, fantasia.
—Com es podria dir? —va exclamar l'esmolet.
—Oh, res —vaig dir jo—. Pa i vi.
I l'esmolet:
—Salsitxa, llet, cabres, porcs, vaques... Rates.
I jo:
—Óssos, llops.
I l'esmolet:
—Ocells. Arbres i fum i neu...
I jo:
—Malaltia, guariment. Ho sé, ho sé. Mort, immortalitat i resurrecció.
—Ah! —va cridar l'esmolet.
—Què hi ha? —vaig dir jo.
—És extraordinari —va dir l'esmolet—. Ah, i oh! Ih! Uh! Eh!
I jo:
—Ho suposo.
I l'esmolet:
—No està bé d'ofendre el món.
Jo no vaig dir res més, em vaig trobar al darrera dels pensaments d'abans de trobar-me amb ell, de mentre l'estel passava per sobre meu. Me'l mirava i em vaig aturar i ell també es va aturar, em va preguntar:
—Perdoneu; si un coneix un altre que li ha fet un gran plaer de conèixer, i llavors li pren deu cèntims o dues lires de més per un servei que li hauria de fer gratis, donat el molt de plaer que li ha fet de coneixe'l, ¿quina mena de cosa és aquest home, un home del món o un que ofèn el món?
I jo em vaig posar a riure:
—Ha! Ha! —vaig riure. I era natural.
I ell va preguntar:
—No és un que ofèn el món? És del món? ¿Pertany al món?
I ell va riure:
—Ha! Ha!

Va treure's el barret i va saludar:

—Gràcies, amic —va dir. I de nou va riure—. Ha! Ha!

I de nou vaig riure:

—Ha! Ha!

I ell va dir:

—Un de vegades confon les petiteses del món amb les ofenses al món.

Després va tornar a parlar-me a cau d'orella:

—Si hi hagués ganivets i estisores...

I em va parlar a cau d'orella un minut o dos, però jo no vaig parlar-li a cau d'orella, ara per mi era com si el meu estel parlés.

XXXV

Vam arribar molt amunt del poble, en una mena de plaça, i ja no feia sol, no hi havia ni picarols de cabres ni caramelles, no hi havia la meva mare, no hi havia dones i l'esmolet em va indicar una botiga:

—Voleu conèixer un que té un punxó? —em va preguntar.

Un cap de cavall de fusta pintada presidia l'arc de pedra de la botiga, i al costat de l'entrada, a les parets i als mateixos batents de les portes, vaig veure penjades cordes i cuiros, amb flocs, campanetes i plomalls multicolors.

L'esmolet va deixar el seu carretó a la plaça i va saltar al costat meu a la porta, i em va empènyer a dins.

—Ezechiele! —va cridar—. Ezechiele!

A dins hi havia un llarg corredor, amb el fons fosc i cordes i cuiros, campanetes i plomalls, regnes, fustes, selles, tota mena de guarniments i estris de cavalleria penjats com a fora a les dues parets i fins penjats al sostre.

—Ezechiele! —va cridar de nou l'esmolet mentre avançàvem.

Darrera nostre va arribar algú corrent, va topar amb dolça violència, va seguir endavant i una veu de xicot va explotar:

—És Calogero, oncle Ezechiele!

Vam continuar avançant per l'estret passadís, entre guarniments i estris de cavalleria, selles, regnes, fustes, etcètera; i ara anàvem a les palpentes, en perfecta foscor, baixàvem al pur cor de Sicília. L'olor era bona, en aquell cor nostre, era, per les invisibles cordes i els cuiros, com de pols nova, terrenal, però encara no contaminat de les ofenses del món que s'esdevenen sobre la terra. I jo vaig pensar: «Ah si de veres cregués en això...» I no era com si caminés sota terra, era com si anés sobre la trajectòria de l'estel, tenint l'estel als ulls i per això no tenint altra cosa, tenint foscor, i tenint el cor de la infància, siciliana i de tot el món.

Però per fi vam descobrir enfront nostre un llumet, i el llumet es va fer claror i un home va prendre forma, assegut davant una taula minúscula, amb regnes, i fustes i ombres de regnes i fustes gronxant-se sobre el seu cap.

—Ezechiele! —va cridar-lo l'esmolet.

L'home es va girar, i la seva cara va aparèixer grassa, i els seus ulls petits van brillar com si diguessin: «Sí, amic meu, el món està ofès, però encara no aquí dins!» Amb veu harmoniosa li va preguntar:

—Vols el punxó, Calogero?

I llavors em va veure, i els seus ulls petits es van dilatar i van ser preocupats, fins que l'esmolet, el meu estel, no va dir:

—No el necessito per aquest vespre, Ezechiele. He trobat aquest amic que té una fulla de ganivet.

—Ah, de veres? —va exclamar l'home i es va aixecar, petit i gras tot ell, amb rínxols rossos, amb clotets a les galtes i amb els ulls petits, que s'havien fet vius de nou com si diguessin: «El món està ofès però encara no aquí dins.»

Va buscar, potser cadires, sota la cortina de cordes i flocs i cuiros, va remoure soroll de picarols pertot arreu, després va tornar a seure sense haver trobat ni solucionat res.

Hi havia al costat de la taula una escaleta que es perdia entre els arreus penjats al sostre, i l'esmolet s'hi va recolzar.

—Ell també té molt de gust —va contestar.

—Molt de gust —vaig dir jo.

I l'home em va examinar somrient, segur que tenia molt de gust, però perquè li ho havia dit l'esmolet, no perquè li ho havia dit jo. Va ser amb l'esmolet que va continuar parlant.

—Em sembla que veu les coses bé —va dir encara examinant-me.

—De seguida ho he vist —va contestar l'esmolet—. No t'hi pots enganyar.

I l'home Ezechiele:

—No, no t'hi pots enganyar.

I l'esmolet:

—Sofreix.

I l'home Ezechiele:

—Sí, sofreix.

I l'esmolet:

—És pel dolor del món que sofreix. No per si mateix.

I l'home Ezechiele:

—No per si mateix, ja s'entén. Tothom sofreix per si mateix, i en canvi...

I l'esmolet:

—En canvi no hi ha ni ganivets ni estisores, mai no hi ha res...

I l'home Ezechiele:

—No res, ningú no sap res, ningú no s'adona de res...

Van callar i es miraven, i els ulls de l'home Ezechiele s'havien omplert de tristesa, els ulls de l'esmolet brillaven més blancs que mai, com esverats gairebé, en la cara negra.

—Ah! —va dir l'esmolet.

—Ah! —va dir l'home Ezechiele.

I es van acostar l'un a l'altre, per sobre la taula minúscula, es van parlar a l'orella, després l'esmolet fent-se enrera va dir:

—Però el nostre amic té una petita fulla. Sofreix pel dolor del món ofès.

—Sí —va dir l'home Ezechiele. I els seus ulls petits brillaven tristos com si digués—: «Molt, molt ofès està el món, molt ofès, molt més que nosaltres mateixos no sabem.»

Després, de nou es va girar a mirar l'esmolet.

—Li has dit com sofrim, nosaltres? —va preguntar.

—L'hi havia començat a dir —va contestar l'esmolet.

I l'home Ezechiele:

—Molt bé, digue-li que no sofrim per nosaltres mateixos.

 —Això ja ho sap —va contestar l'esmolet.

I l'home Ezechiele:

—Digue-li que no ens cal sofrir per nosaltres mateixos, no suportem males anyades a l'esquena, ni fam, i en canvi sofrim molt, molt!

I l'esmolet:

—Ja ho sap!, ja ho sap!

I l'home Ezechiele:

—Pregunta-li si ho sap de veres.

I l'esmolet a mi:

—Oi que sí, que ho sabeu?

Jo vaig assentir amb el cap. I l'home Ezechiele es va alçar, va picar de mans, cridà:

—Nebot Achille!

El xicot que ens havia topat al corredor va treure el cap de dins dels arreus.

—¿Per què —li va dir l'home Ezechiele—, per què no ets aquí escoltant les nostres paraules?

El xicot era molt petit, amb rínxols rossos com l'oncle.

—Escoltava, oncle Ezechiele —va contestar.

L'home Ezechiele va aprovar i de nou es va girar cap a l'esmolet.

—Així, doncs —va dir—, el vostre amic sap que nosaltres sofrim pel dolor del món ofès.

—Ho sap —va dir l'esmolet.

L'home Ezechiele es va posar a resumir:

—El món és gran i bell, però està molt ofès. Tothom sofreix cada u per si mateix, però no sofreix pel món que està ofès, i així el món continua estant ofès.

Mirava al voltant tot parlant, i els seus ulls petits es van cloure en la tristesa, després van cercar vivament l'esmolet.

—¿I li has dit al nostre amic —va dir— que jo escric sobre el món ofès?

Tenia, efectivament, un quadern minúscul sobre la taula, i un mànec i una ploma.

—L'hi has dit, Calogero? —va dir ell.

L'esmolet va contestar:

—L'hi anava a dir.

I ell va dir:

—Molt bé, al nostre amic ja l'hi pots dir. Digue-li que com un eremita antic em passo aquí els meus dies sobre aquests papers i que escric la història del món ofès. Digueli que no sofreixo, sinó que escric, i que escric de totes les ofenses una per una, i també de totes les cares ofensives que riuen de totes les ofenses acomplides i per acomplir.

—Ganivets, estisores, piques —va cridar l'esmolet.

I l'home Ezechiele va posar una mà sobre el cap del xicot, i em va indicar:

—Veus aquest amic nostre? —va dir—. Com el teu oncle, sofreix. Sofreix pel dolor del món ofès. Aprèn, nebot Achille, i ara ocupa't de la botiga mentre jo acompanyo Calogero i l'amic a beure un got de vi a cal Colombo.

XXXVI

Així vam tornar a pujar a l'aire lliure i l'aire era bru, sonaven les campanes de l'Avemaria.

L'esmolet va arreplegar el seu disc ambulant per les barres i va començar a empènyer-lo, a caminar, i jo vaig caminar amb ell, l'home Ezechiele va caminar al darrera nostre, petit i a passos petits, abrigat amb una bufanda.

«El món està molt ofès! El món està molt ofès», deien els seus ulls, mirant al voltant amb tristesa. Després es va posar sobre el disc en moviment de l'esmolet.

—Què hi tens, Calogero, sobre la teva mola? —li va preguntar, aturant-se.

—Què hi tinc? —va preguntar l'esmolet, aturant-se ell també.

—És un paper —vaig dir jo.

I l'esmolet va fer un udol:

—Maleït siga! —udolà—. Un altre cop!

—Altra vegada una multa? —va preguntar l'home Ezechiele.

I l'esmolet va udolar:

—Una altra vegada!

Va aixecar els braços al cel, va iniciar dos o tres salts extravagants en l'aire, es va mossegar les mans, i es va treure el barret de babarota i el va esclafar a terra.

—Que no ho veieu..., que no ho veieu... —deia.

—És la tercera vegada en un mes! —cridà—. Estisores, punxons, ganivets, piques i arcabussos; morters, falçs i martells; canons, canons, dinamita i cent mil Volts...

Ezechiele va fer llavors el gest de Josuè quan va aturar el sol.

I l'esmolet es va aturar:

—Amic —va dir l'home Ezechiele.

—Sí, amic —va contestar l'esmolet.

—Per què sofrim, nosaltres? —va preguntar l'home Ezechiele.

—Per què? —va contestar l'esmolet—. Pel dolor del gènere humà ofès.

I l'home Ezechiele:

—I no per nosaltres mateixos, doncs. Pel dolor del món ofès. No per nosaltres mateixos...

I l'esmolet:

—No per nosaltres mateixos, ja ho entenc...

I va callar, va agafar de nou per les barres la seva mola, va tornar a empènyer-la, i tots amb ell vam tornar a moure'ns.

—Però, com ho faré per pagar? —murmurà després.

Va semblar-li que sentia alguna cosa preocupant i de nou es va aturar, i va fer sorollar el calaixet, tot escoltant.

—No sento els diners —va dir.

Era quasi fosc, un embrunit extremat, i els seus ulls brillaven com un tall blanc de ganivet en la seva negra cara. Va obrir el calaixet, va mirar a dins, va obrir-lo més, va treure el calaixet a fora, el va trabucar. No va caure res, i l'home Ezechiele va dir:

—Recorda que nosaltres no sofrim per nosaltres mateixos, sinó pel món ofès.

—Ho recordo —murmurà l'esmolet.

I l'home Ezechiele va preguntar:

—Quant hi havia?

Va contestar l'esmolet:

—Hi havia el pa, hi havia el vi, i els impostos, dues i trenta, dues i trenta, una jornada discreta.

—Molt bé —va dir l'home Ezechiele—, el vi el tindràs amb mi ara, a cal Colombo, i el pa, si em permets oferir-te'l aquesta nit a la meva taula...

—Sí —va continuar l'esmolet—, i el cap me'l cobreix l'honorable barret del meu avi, i les espatlles me les protegeix la jaqueta beneïda del meu pare, les vergonyes les amago amb els pantalons del capellà Orazio, i els peus...

Hi ha molta bondat entre els homes, molta bondat, i el sostre el tinc en una casa ben calenta amb les vaques del Gonzales. Per què treballes en tres oficis? Per viure de caritat, com va prescriure el Natzarè...

—Però, fill —va dir l'home Ezechiele—, pensa que els teus diners potser te'ls ha pres un pobre caminant. Potser feia molt de temps que no menjava i no bevia. Has d'estar content d'haver-li pogut donar l'ocasió de treure's la fam i la set.

L'esmolet es va quedar en silenci i va començar a empènyer de nou el seu carret, i tot caminant sospirava. Després, tot caminant va parlar:

—Just! —va dir—. Just! Aquestes no són les ofenses del món per les quals podem sofrir. Això són petiteses entre pobres homes del món. Ah, ganivets! Ah, estisores! Hi ha d'altres coses al món que ofenen el món!

—D'una altra mena —murmurà l'home Ezechiele.

—D'una altra mena! D'una altra mena! —va cridar l'esmolet—. I les petiteses no són més que petiteses, petites bromes entre home i home en el cercle del món! Qui no ha jugat una petita broma al seu semblant, que tiri la primera pedra... Jo mateix, avui, n'he jugat una al nostre amic!

—Ah, sí? —va exclamar l'home Ezechiele, i va riure.

—Sí, una brometa de deu cèntims —va dir l'esmolet i ell també va riure.

I jo també vaig riure i la brometa va ser explicada, i vam riure tots tres com nois amics.

—Però aquest caminant em podia haver deixat els diners dels impostos —va dir l'esmolet.

Aquí va deixar de riure, i els seus ulls llampeguejaven com blancs de ganivet explosius.

—Ah, punxons! —udolà—. ¿I si aquest caminant fos la mateixa persona, guàrdia i pelagats, que m'ha posat la multa? No és la primera vegada que el meu guany de la jornada desapareix al mateix temps que arriba la multa.

L'home Ezechiele el va agafar i va aguantar ferm el braç.

—Coincidència! —va dir—. No són d'aquest gènere les ofenses del món que nosaltres sofrim.

XXXVII

L'aire fred era serè i les campanes ja no volaven pel cel, callaven dins els seus nius. Però encara es distingien els colors de les coses en el petit carrer, i jo vaig veure, i vaig cridar:

—Mireu! Una bandera!

—Bandera? —va dir l'esmolet.

I l'home Ezechiele:

—Quina bandera?

—En aquella porta —vaig dir jo.

I l'home Ezechiele:

—És Porfirio! És el «draper»!

Els meus companys van riure, i jo em vaig recordar del costum que hi havia a Sicília d'indicar les botigues de robes amb un drap penjat fora la porta. Tant se valia el color; podia ser verd, podia ser groc, podia ser blau: on hi havia un drap significava que hi havia un «draper», s'hi venia roba. Allí el drap era vermell i l'esmolet va dir, girant-se cap a mi:

—Però Porfirio té un parell d'estisores.

—Ah, sí? —vaig dir jo.

—Sí —va dir l'esmolet—, i quan em sap greu d'esprémer sempre Ezechiele pel punxó, demano les estisores de Porfirio.

Aquí Ezechiele va proposar:

—Potser caldria presentar el nostre amic a Porfirio?

—Potser sí —va dir l'esmolet.

Em van fer entrar, i el carret de la mola es va quedar

de nou al carrer, però la botiga no era profunda, era una mena d'alcova amb les robes amuntegades en piles sobre unes cadires, totes prop de la porta.

—Entreu, si us plau —una veu clara va invitar des de la foscor.

—Bona nit —van saludar—. Bona nit.

I la veu va continuar:

—Bona nit, anava a tancar.

—I el drap, el deixàveu fora? —va preguntar l'esmolet.

—No, ara l'anava a treure —va contestar la veu.

I l'home Ezechiele:

—De nou vermell, avui.

I la veu:

—Sí, fa un temps que el poso vermell. Però demà serà turquesa.

I l'home Ezechiele:

—És clar que sí! El món és variat!

I la veu:

—Variat i bell! I gran!

—I molt ofès, molt ofès! —murmurà l'home Ezechiele.

L'esmolet va dir llavors:

—Parla-li del nostre amic, Ezechiele.

—Quin amic? —va preguntar la veu.

Una forma humana es va moure, rera aquella veu, en la foscor, i va semblar que es movia tota la foscor: era gegantina. Fora de tants homes que venien cap a mi en la claror de la porta, la bella veu càlida va preguntar de nou:

—Quin amic? Aquest senyor d'aquí?

—Aquest senyor —va contestar l'home Ezechiele—. Com tu, Porfirio, i com Calogero esmolet, com jo, com molts d'altres sobre la terra, és un dels qui sofreixen pel dolor del món ofès.

—Ah! —va exclamar l'home immens.

Se'm va acostar més encara i una brisa tèbia, el seu alè, em va remoure els cabells sobre el front.

—Ah! —va exclamar de nou.

Va baixar la seva mà llarga des de dalt, va cercar la meva i la va estrènyer, d'una manera que, malgrat tot, era amable.

—Sento una gran satisfacció —va dir ell sobre el meu cap. I girant-se als altres va dir:

—Sofreix, heu dit?

Un xaloc càlid era el seu alè en els meus cabells i, amb la mà agafada amb força amable, l'home va repetir:

—Sento una gran satisfacció...

—Per favor —vaig contestar jo—. No hi ha de què.

—Oh! —va dir l'home—. Molt de què, hi ha. Em sento honorat.

I jo:

—L'honor és meu.

I l'home:

—No, tot meu, senyor. —I de nou girant-se cap als altres mentre volaven els meus cabells amb el seu alè, de nou preguntà:

—Sofreix, doncs?

—Sí, Porfirio —va contestar l'home Ezechiele—. Sofreix i no per si mateix.

—No per les petiteses del món —va explicar l'esmolet—. No perquè li hagin posat una multa, no perquè hagin tractat de fer una petita broma a un semblant seu...

—No —va dir l'home Ezechiele—. Sofreix pel dolor universal.

I l'esmolet va dir:

—Pel dolor del món ofès.

En la foscor, l'homenàs Porfirio em tocava ara el cap, la cara, i de nou va exclamar:

—Ah! —Després va dir—: Ho entenc i ho valoro.

—Estisores i ganivets —udolà llavors l'esmolet.

—Estisores? —va repetir lentament l'home Porfirio. Era una massa de foscor, amb una calor que li sortia de qualsevol banda i voltava entre nosaltres com el benèfic corrent del golf, i amb vent a sobre, i amb veu dolça, profunda.

—Ganivets? —repetí. I dolçament va dir—: No, amics, ni ganivets ni estisores, res de tot això no cal, sinó aigua viva...

—Aigua viva? —murmurà l'esmolet.

—Aigua viva? —murmurà també l'home Ezechiele.

I l'home Porfirio va continuar:

—Us ho he dit mil vegades i us ho torno a dir. Només l'aigua clara pot rentar les ofenses del món i apaivagar la set del gènere humà ofès. Però, on és l'aigua viva?

—Allí on hi ha ganivets hi ha aigua viva —va dir l'esmolet.

—Allí on hi ha dolor pel món hi ha aigua viva —va dir l'home Ezechiele.

Ens trobàvem immergits en la nit, ara, i les veus es van abaixar, ningú no ens hauria sentit parlar. Érem a prop, amb els caps a prop, i l'home Porfirio era com un enorme gos negre de Sant Bernat que ens tingués recollits a tots i a si mateix en el seu pèl. Va parlar llargament de l'aigua viva; i parlà l'home Ezechiele, parlà l'esmolet; i les paraules van ser nit en la nit i nosaltres vam ser ombres, jo creia que havia entrat en un conciliàbul d'esperits. Després, la veu de l'home Porfirio es va fer alta.

—Anem. Us ofereixo un vas de vi a cal Colombo —va dir ell.

I va arrencar el drap penjat a la porta, va tancar, ens va conduir embolicats en el seu càlid corrent pel carrer.

XXXVIII

I per fi a cal Colombo, va adquirir línies i colors. Va aparèixer alt de dos metres, vestit de pell bruna, amb el cap ple de cabells, un blanc un negre, amb ulls blaus, barba castanya i mans vermelles: realment un gran gos de Sant Bernat de mirada generosa.

—Salut, Colombo! —va dir entrant.

Fins i tot el carret de l'esmolet va entrar amb nosaltres, i el local era il·luminat amb acetilè, i uns homes cantaven:

—*És sang de santa Bumbila.*

Colombo, rera el taulell, era un home amb un mocador groc lligat a la piratesca al cap.

—Bravo! —els va respondre.

I l'home Ezechiele va dir:

—Vi. Aquests senyors són els meus invitats.

—Teus? —protestà dolçament l'home Porfirio—. Jo els he invitat tots.

Els homes que cantaven seien en un banc contra la paret, sense taula al davant, i tenien uns gots de ferro a la mà, cantaven gronxant el cap i el bust amb moviment simultani.

—Però jo els havia invitat primer —va explicar Ezechiele.

—Aquí teniu el vi —va dir Colombo, i va posar sobre el taulell quatre gots curulls. Després, somrient, va afegir—: Aquesta pot ser la invitació del senyor Ezechiele. I després hi pot haver la invitació del senyor Porfirio.

 —Naturalment —va dir l'home Ezechiele.

—Ho comprenc i me'n congratulo —va dir l'home Porfirio. I alçant el got—: Molt honorat.

L'home Ezechiele es va inclinar. Jo també em vaig inclinar. I l'esmolet va cridar:

—Visca!

Hi havia un braser encès al mig d'aquell local sense taules, i, arrupits al voltant, dos xicots joves fangadors s'escalfaven les mans. Colombo omplia uns altres gots d'una bóta, i els homes es gronxaven al banc cantant baixet, i del terra, de les parets, de la fosca volta, emergia l'olor secular del vi acumulat sobre el vi. Tot el passat del vi en l'home era present entorn nostre.

—Visca què? —va preguntar l'home Ezechiele.

—Visca això! —va contestar l'esmolet aixecant el seu got.

—Això? —va dir l'home Porfirio—. I què és, això?

Va beure i tots van beure, i jo també vaig beure, i els gots van sonar buits sobre el zenc moll del taulell. Colombo va venir de les bótes amb més vi.

—Món —va cridar l'esmolet—. Terra, bosc i nans del bosc: dones belles, sol, llum, nit i matí; fum de mel, amor, alegria, i cansament; i son sense ofensa, món sense ofensa.

—*És sang de santa Bumbila*... —van cantar roncs els homes del banc.

Érem al segon got, la corranda va trobar sords l'aire i les parets.

—No m'ho crec —va dir l'home Porfirio.

—Malgrat tot —va dir l'home Ezechiele.

—No, cal aigua viva —va dir l'home Porfirio.

—Molt bé, aigua viva! —va cridar Colombo, el taverner—. Vet aquí l'aigua viva! No és això l'aigua viva? Alerta, homes: alegria, vida, aigua viva...

L'home Porfirio va sacsejar el cap enorme, però va beure i tots van beure, i jo també vaig beure, i els dos fangadors de prop del braser van beure amb els ulls àvids, els homes del banc van cantar dins els gots escolats.

—Arbres i figues fresques, agulles de pi —va continuar l'esmolet—, estrelles en els cors honorats, mirra i encens, sirenes del mar profund; cames lliures, braços lliures, pits lliures, cabells i pèl al vent en llibertat, cursa i lluita lliure, uh! oh! ah!

—Ah, aaaah! Ah, aaaah! Ah, aaaaah? —van cantar els homes del banc.

—Ah! Ah! —van dir els dos asseguts prop del braser.

Van entrar d'altres homes. Colombo va cridar bravo i va abocar vi, i ell també bevia, i sota la volta profunda només hi havia el vi tot nu a través dels segles, i els homes tots nus en tot el passat del vi, pudor nua del vi, nuesa del vi.

—Beveu, amic! —em va dir l'esmolet, i em va acostar el tercer got.

L'home Porfirio va remarcar llavors:

—El nostre amic és foraster.

—Sí, és foraster —va confirmar l'home Ezechiele—. Calogero l'ha conegut primer.

—Té una fulla de ganivet —va cridar l'esmolet—. Té aigua viva. Sofreix pel món ofès, i el món és gran, el món és bell, el món és ocell, i té llet, or, foc, trons i inundació. Aigua viva a qui té aigua viva!

—Vet aquí l'aigua viva, homes! —va dir Colombo. I ell també bevia, fins i tot ell era nu en la nuesa del vi, era el nan de les mines del vi.

—No sóc del tot foraster —vaig contestar jo a Porfirio.

—No del tot? —va dir l'home Ezechiele.

—Com, no del tot? —va preguntar l'home Porfirio.

Bevent a poc a poc del meu tercer got els vaig explicar que no era del tot foraster, i els ulls petits de l'home Ezechiele van brillar de satisfacció.

—Ves per on! —va exclamar l'home Porfirio.

—No sabíeu que era un fill de la Ferrauto? —va dir el nan Colombo.

I l'esmolet va cridar:

—La Ferrauto té molts ganivets. Visca la Ferrauto!

Tots havien arribat al fons del tercer got, només jo era encara a la meitat, i l'esmolet me'l va tirar a terra, va dir que havia de fer el quart amb ells.

—Coneixia el vostre avi! —va dir l'home Porfirio.

—Qui no el coneixia? —va cridar l'esmolet—. Ell tenia l'aigua viva.

—Sí —va dir Porfirio—. Venia aquí, amb mi, bevíem junts.

—Era un gran bevedor —va observar Colombo, el nan.

Des del banc contra la paret els homes cantaven ara amb malenconia.

—*És sang de santa Bumbila* —continuaven cantant, i gronxaven el cap, el bust, eren tots nus en la matriu de la nuesa del vi.

—Ell també sofria pel món ofès —va dir l'home Ezechiele.

—Món ofès. Quin món ofès? —va cridar l'impúdic nan del vi.

—I el vostre pare, també l'he conegut —va dir l'home Porfirio.

—Hem estat amics —afegí l'home Ezechiele—. Era poeta i actor shakespearià, Macbeth, Hamlet, Brutus... Una vegada ens va fer un recital.

—Ah, magnífica ocasió —va cridar l'esmolet—. Ganivets i tridents! Ferros rovellats!

Tots bevien del quart got, sols jo tenia a les mans el meu, encara intacte, escoltant del meu pare al costat del vi.

—Veníem aquí a beure junts —va dir l'home Porfirio.

I l'impúdic gnom observà:

—Aquí va donar aquell recital. Va venir amb una capa vermella i em va dir que jo era el rei de Dinamarca.

—I a mi em va dir que jo era Polonio —va murmurar humilment l'home Ezechiele. Després va afegir—: Ah! Sofria molt pel món ofès!

Aquí l'esmolet va cridar de nou:

—Visca!

I l'home Porfirio de nou va preguntar:

—Visca què?

—Visca! Visca! —va cridar l'esmolet.

—Visca —va cridar un borratxo.

—Visca! —va cridar un altre borratxo.

—Visca! —va murmurar humilment l'home Ezechiele.

—Visca, visca, visca! —van cantar des del banc els homes barrejats que es gronxaven. Així, sofrint per les seves penes personals i sofrint pel dolor del món ofès, romanien junts en el nu sepulcre del vi i podien ser com esperits, allunyats per fi d'aquest món de sofriments i d'ofenses.

Asseguts a terra prop del braser, els dos joves sense vi ploraven.

XXXIX

—Un altre got per a mi i els amics —va ordenar Porfirio. S'havia descordat l'enorme pell on vivia, mostrava els membres; i l'home Ezechiele s'havia desfet de l'embolcall de la bufanda.

—Serà l'últim got —va dir l'home Porfirio—, però serà un altre got.

Ell havia begut ja sis gots. Ezechiele i l'esmolet n'havien begut cinc, i jo seguia amb el meu quart gairebé ple. Enorme, amb les mans i la cara vermelles, blanc i castany de barba, blanc i negre de cabells, seia al tron d'aquell soterrani del vi. Era home, no pertanyia al vi com Colombo, el gnom, però era un gran rei conqueridor que vivia en aquella conquesta ultramundana seva, en el vi. Amb tot, negava que el vi fos aigua clara, i no oblidava el món.

—No us enredeu, no us enredeu —deia.

—De què? —preguntava l'esmolet.

I l'home Ezechiele girava al voltant els seus ulls petits, amb una angoixa imprevista:

—No! —semblaven bramular els seus ulls. I llavors l'home Porfirio, amb la mà vermella closa a la nansa del setè got, assegurava que ja no hi havia petiteses en el món on hi havia vi.

—Però, i les ofenses del món? ¿Les terribles ofenses al gènere humà i al món? —preguntava l'home Ezechiele.

Jo, repeteixo, seguia amb el quart got. Alguna cosa m'havia aturat en el principi i no podia beure més, no gosava endinsar-se en l'esquàlida nuesa sense terra del vi.

—Beveu, amic —m'incitava l'home Porfirio.

Jo ho procurava i bevia un glop entre llavis, i el vi semblava bo, per si mateix, així en els llavis, però no podia beure'l; per tot el passat humà sentia que no era una cosa viva espremuda de l'estiu i de la terra, sinó trist, trista cosa fantasma espremuda de les cavernes dels segles. I què més podia ser en un món sempre ofès? Generacions i generacions havien begut, havien vessat el seu dolor en el vi, cercat en el vi la nuesa, i una generació bevia de l'altra, de la nuesa de l'esquàlid vi de les altres passades, i de tot el dolor vessat.

—*És sang de santa Bumbila* —cantaven barrejats els homes del banc.

Tots en el local ara havien inclinat el cap, tots se sentien tristos. L'esmolet era trist amb ulls explosius. Ezechiele era trist amb ulls espantats, mirava al voltant amb pànic angoixat de tornar a veure les formes del món ofès.

Havia estat Polonio al davant del meu pare shakespearià. I l'home Porfirio? Què podia haver estat, l'home Porfirio, davant el meu pare Hamlet? Ell era l'únic serè, perquè havia continuat essent l'únic desil·lusionat, i tot i això era greument responsable. Ens mirava a mi, l'Ezechiele, l'esmolet i els borratxos drets al costat del banc, els dos joves que ploraven asseguts per terra al costat del braser, els homes que cantaven al banc. Tristos, aquests gronxaven el cap cantant en el banc, i semblava que el gronxessin com aquell qui gronxa algú quan plora i el seu cant era un ronc lament... L'home Porfirio els va mirar llargament, després va mirar de nou Ezechiele, a mi, l'esmolet, va mirar els dos joves que ploraven, que no havien begut res en tota la nit, i jo vaig pensar que potser estava consternat d'haver-nos fet seguir, tants homes, en aquella pal·lidesa de conquesta subterrània. Però ell estava serè, en canvi, i es va isolar en una sobrenatural comunicació amb el gnom Colombo. Ja no va mirar més ningú, i la seva cara va ser riolera, no va veure res més enfront seu, sinó la nua felicitat, de gnom del vi, de Colombo. I va jeure en la matriu del vi, i va ser nu en el son beat, encara que a peu dret, va ser el somrient adormit antic, que dorm a través dels segles de l'home, pare Noè del vi. Jo el vaig reconèixer i vaig deixar el got, no era en això que hauria volgut creure, en això no hi havia món, i me'n vaig anar, vaig travessar el petit carrer, a casa de la meva mare.

XL

La casa era a l'extrem de la cresta de teulades cara a la vall. Vaig pujar l'escaleta externa, vaig arribar al replà. Sabia que m'hauria agradat no haver d'entrar, no haver de cercar menjar i llit, ser més aviat al tren i em vaig aturar.

El fred era intens, i a baix hi havia llum, a dalt també, en petits grups separats de quatre o cinc; i l'aire era blavós. Al cel brillava el glaç d'una gran estrella abandonada.

Era de nit, a Sicília i la terra tranquil·la: el món ofès era cobert de foscor, els homes tenien llums al costat, tancats amb ells a les seves habitacions, i els morts, tots els assassinats, s'havien alçat a seure en les tombes, meditaven. Jo vaig pensar, i la gran nit va ser en mi nit sobre nit. Aquells llums a baix, a dalt, i aquell fred en la foscor, aquell glaç d'estrella en el cel, no era una nit sola, eren infinites; i jo vaig pensar en les nits del meu avi, les nits del meu pare, i les nits de Noè, les nits de l'home, nu en el vi i inerme, humiliat, menys home que un nen i que un mort.

CINQUENA PART

XLI

Em va venir llavors a la ment que Belle Signore, el nom del carrer d'allí prop, era molt nocturn per a Sicília: significava els Esperits.

L'home que s'havia quedat nu i inerme, anava nit enllà i trobava els Esperits, les Belles Senyores Dolentes que el molestaven i es burlaven d'ell i fins li donaven puntades de peu, totes Fantasmes de les accions humanes, les ofenses al món i al gènere humà sortides del passat. No ja morts, sinó fantasmes: coses que no pertanyien al món terrenal. I l'home que el vi o d'altres coses havien tornat inerme era, en general, la seva presa.

Deïa: els reis, els herois. I es deixava envair la consciència despullada, acceptava com a glòries les antigues ofenses.

Però algú, Shakespeare, o el meu pare shakespearià, al revés, s'apropiava d'ells i entrava en ells, desvetllava en ells fangs i somnis, i els obligava a confessar les culpes, sofrir per l'home, plorar per l'home, parlar per l'home, esdevenir símbols per a l'humà alliberament. Uns en el vi i uns altres no. Un gran Shakespeare, en la puresa de les seves nits de meditació sense por, i el petit pare meu en la foscor folla de les seves nits crescudes sota el vi.

Aquest era el mal per al meu pare, que fos nu i foll en el vi, pobre home. Un Noè que calia tapar amb una pietosa capa, no home de seny i prodigis.

I jo, en certa manera, no ho sabia.

La nit arribava llargament esperada per nosaltres des

de la finestra, i ocupava els camps deserts, sense arbres, sense fulles. Treia el cap el meu pare ja vestit pel recital, treien el cap els seus homes.

—Esteu a punt? —deia. I penjava a la paret la seva gorra enribetada de capatàs, de guardavia.

Sense soroll pujàvem a la vagoneta, tots nosaltres de Hamlet. La meva mare s'instal·lava al mig, amb una cadira, nosaltres ens col·locàvem al voltant dels seus peus, i el meu pare la maniobrava mentre els dos homes empenyien. I així corria la vagoneta: de dies pel servei de la brigada tot al llarg de la via del tren; de nit per Hamlet. I dos homes empenyien un moment, després, en començar una baixada, també pujaven, i no se'n parlava més, la vagoneta corria sola cap a una sala d'espera en una estació, si era l'hivern, i si era l'estiu cap a una esplanada de vies on el recital era fet a l'aire lliure, entre els segadors vinguts de la sega i entre focs i entre crits, amb el meu pare obsessionat a dalt d'un escenari fet amb travesses.

Ah, la nit, llavors!

Dels paral·lels de la terra lladraven els gossos, als horitzons; i els set cels invisibles, les muntanyes de la Via Làctia, s'omplien de llessamins. Les estrelles eren deu o quinze; però nosaltres sentíem el perfum de milions. I el meu pare havia tocat el corn al començament.

Després deia alguna cosa, a cau d'orella, i cridava:

—Qui ve!

Era alguna altra vagoneta sobre les vies, davant nostre.

—Polonio —era la resposta.

O bé:

—Fortimbràs.

O bé:

—Horaci.

I tot eren homes nus i folls que s'apoderaven de la fantasia per la virtut del vi.

—Oh, món ofès! Món ofès! —vaig cridar jo, en pensar aquestes coses. No esperava resposta sinó de la memòria, en canvi en va arribar una des de la terra de sota. Va ser una veu que va dir:

—Hem!

XLII

«Un altre esmolet», vaig pensar.

Vaig mirar a baix i no vaig veure res. Només hi havia els llums de sempre en la freda calma.

—Qui hi ha? —vaig cridar.

—Hem! —va contestar de nou la veu.

Vaig mirar, cercant millor, i llavors vaig veure que els llums no eren els que solia haver-hi a les cambres tancades on habitaven els homes. Semblava que s'haguessin apagat. Els nous cremaven rogencs en la nit oberta, eren com llanternes de ferroviaris posades a terra per tota la vall. Però jo buscava aquell que havia dit: «Hem!»

—Què? —vaig dir—. Hem?

—Hem! Hem! Hem! —va contestar la veu terrible.

Vaig decidir de baixar per cercar-la i vaig baixar, em vaig trobar entre aquells llums com llanternes abandonades, vaig veure que eren els llums dels morts.

—Ah, sóc al cementiri —vaig dir.

—Hem! —va contestar-me la veu.

—Qui sou? —vaig preguntar jo—. Sou l'enterramorts?

La veu va contestar:

—No, no. Faig de soldat.

Vaig fer un esforç per veure-hi, la veu sonava a prop; però els llums dels morts no feien claror al voltant.

—Estrany! —vaig dir jo.

I el soldat va riure:

—Estrany?

—Que potser esteu de guàrdia aquí? —li vaig preguntar.

—No —va dir el soldat—. Reposo.

—Aquí entre les tombes? —vaig exclamar.

—Són unes tombes boniques i còmodes —va dir el soldat.

I jo vaig dir:

—¿Potser hi heu vingut per pensar en els vostres morts?

—No —va contestar el soldat—. En tot cas penso en els meus vius.

—Ah! —vaig dir jo—. En l'enamorada, suposo.

I el soldat:

—Una mica en tots. La meva mare, els meus germans i els meus companys, i els companys dels meus companys, i el meu pare en *Macbeth*.

—El vostre pare en *Macbeth*? —vaig exclamar jo.

—Cert, senyor —va contestar el soldat—. Té el costum de recitar el paper del rei, pobre home.

—Com és possible? —vaig exclamar jo.

—Oh, sí! —va dir el soldat—. Ells pensen que els déus toleren en els reis allò que avorreixen en els homes vulgars.

—Però com és possible? —vaig exclamar jo de nou—. El meu pare també és així...

—Molt bé —va observar el soldat—. Tots els pares són així. I el meu germà Silvestro...

Jo vaig fer quasi un udol.

—El vostre germà Silvestro?

—Per què crideu? —va preguntar el soldat—. No té res d'extraordinari que tingui un germà que es digui Silvestro, pobre xicot.

—No —vaig contestar—. Però Silvestro és el meu nom.

—I què? —va dir el soldat—. Els noms són pocs i els homes molts.

Jo vaig preguntar:

—Té trenta anys, el vostre germà?

—No, senyor —va contestar el soldat—. És un noi d'onze o dotze anys. Calça curta, el cap ple de cabells i està enamorat. Estima, estima el món. És amb mi, ara...

—Amb vós? —vaig murmurar.

—Sí —va contestar el soldat—. Res no ens pot ofendre en el nostre amor, ell és un noi i jo...

—Vós què? —vaig murmurar.

El soldat va riure:

—Hem! —va riure.

Jo vaig allargar la mà:

—On sou?

—Cap aquí —va dir el soldat.

Jo vaig anar cap allí buscant-lo amb la mà, però no vaig aconseguir res. Els llums sense claror dels morts eren ja un llarg carrer rera meu i encara n'hi havia molts al voltant, al davant.

—On sou? —vaig preguntar de nou.

—Cap aquí, cap aquí —va dir el soldat.

—Ah, per aquesta altra banda? —vaig exclamar.

—És clar que sí —va contestar ell—. Per aquesta altra.

—Com? —vaig exclamar jo—. Així, a l'esquerra!

—Hem! —va dir el soldat.

Em vaig aturar. Potser ja era al fons de la vall: els llums dels morts brillaven sense fer claror, però més amunt, ara.

—En resum —vaig cridar—. Hi sou o no hi sou?

Va respondre el soldat:

—És el que jo mateix em pregunto, de vegades. ¿Hi sóc o no hi sóc? D'una certa manera, puc recordar. I veure...

—Què més? —vaig preguntar.

—Prou —va dir el soldat—. Veig el meu germà i m'agradaria jugar amb ell.

—Ah! —vaig exclamar jo—. ¿Voldríeu jugar amb un noi d'onze anys?

—Per què no? —va contestar el soldat—. Ell és més gran que jo. Jo tinc set anys, si ell en té dotze.

Jo vaig cridar:

—Com? Sou un soldat de set anys?

El soldat va sospirar i amb to de retret va dir:

—Em sembla que ja he sofert per arribar a això.

—A això? —vaig dir—. A ser soldat?

—No —va dir ell—, a tenir set anys. Jugar amb el meu germà.

—Esteu jugant amb el vostre germà? —vaig preguntar-li.

—Sí, senyor —va contestar ell—. Amb el vostre permís, estic jugant.

—També? —vaig observar—. Què més feu?

—Faig moltes altres coses —va contestar ell—. Parlo amb una noia. Podo una vinya. Empelto un jardí. Corro...

—Oh, vós oblideu que us trobeu entre aquestes tombes —vaig dir jo.

—De cap manera —va contestar-me ell—. Sé perfectament que sóc aquí, i que res no em pot ofendre... Estic tranquil pel que fa a això.

—En resum, sou feliç —vaig observar.

Ell va sospirar de nou.

—Com voleu que ho sigui? Jec sobre un camp de neu i de sang des de fa trenta dies.

—Però, quina absurditat dieu? —vaig exclamar jo.

Ara el soldat no em va contestar de seguida, i així vaig poder sentir el gran silenci que hi havia entre ell i jo.

—Hem! —va fer el soldat.

—Hem! —vaig fer jo.

I el soldat:

—Teniu raó. Perdoneu. Era un parlar figurat.

Jo vaig respirar satisfet i de nou vaig allargar instintivament la mà.

—On sou?

—Cap aquí —va dir el soldat.

XLIII

Com la primera vegada, el vaig buscar uns quants minuts, cap a l'esquerra, després cap a la dreta, després vaig renunciar-hi.

—És massa fosc —vaig dir.

I em vaig posar a seure sobre una tomba, amb el llum del mort al costat.

—Val més seure.

—Val més així —va contestar el soldat—. Sobretot perquè tindrem representació.

—Representació? —vaig exclamar—. Quina representació?

—No heu vingut per la representació? —va dir el soldat.

I jo:

—No en sé res, de la representació.

I el soldat:

—Oh, seieu i ja ho veureu... Ja arriben.

Jo:

—Qui arriba?

El soldat:

—Tots, rei i contraris, vencedors i vençuts...

Jo:

—Voleu dir? No veig ningú.

El soldat:

—Potser és per culpa de la foscor.

Jo:

—Doncs, per què fan la representació?

El soldat:

—L'han de fer. Ells pertanyen a la història...
Jo:
—I què representen?
El soldat:
—Les accions per les quals són gloriosos.
Jo:
—Com? Cada nit?
El soldat:
—Sempre, senyor. Fins que Shakespeare no ho posa tot en vers, i vindica els vençuts, i perdona els vencedors.
Jo:
—Què?
El soldat:
—Ja ho he dit.
I jo:
—Però això és terrible.
El soldat:
—Espantós.
Jo:
—M'imagino que sofreixen molt. Cèsar no escrit. Macbeth no escrit.
El soldat:
—I els sequaços i partidaris, i soldats... Sofreixen, senyor.
Jo:
—I vós, també?
El soldat:
—Jo també.
Jo:
—Però, com és que vós també?
El soldat:
—Jo també represento.
I jo:
—Representar? Representen, ara?
El soldat:
—Sempre. Des de fa trenta dies.
Jo:
¿Però no em dèieu que jugàveu amb el vostre germà d'onze anys?
 El soldat:

—Sí. I parlo amb una noia, podo una vinya, empelto un jardí...

Jo:

—I què més?

El soldat no va contestar.

—I què més? —vaig insistir.

El soldat va respondre:

—Hem!

—Hem? Per què hem? —vaig cridar jo.

De nou el soldat no va respondre.

—Ei! —vaig exclamar.

—Digueu —va contestar el soldat.

Jo:

—Em temia que us en havíeu anat.

Ell:

—No, sóc aquí.

Jo:

—No voldria que us en anéssiu.

Ell:

—No me'n vaig.

—Molt bé —vaig dir jo.

I vaig dubtar. Vaig dir molt bé una altra vegada. Una altra vegada vaig dubtar. Una altra vegada vaig dir molt bé. Per fi vaig preguntar:

—És una mala cosa, oi?

—Pobre de mi, sí —va contestar ell—. Lligat de peus i mans, cada dia més ferit al camp de neu i de sang.

—Ah! —vaig cridar jo—. Això representeu?

—Just —va contestar el soldat—. Pertanyo a aquesta glòria.

Vaig dir jo:

—I fa sofrir molt?

—Molt —va dir ell—. Per milions de vegades.

Jo:

—Per milions de vegades?

Ell:

—Per cada paraula impresa, cada paraula pronunciada, per cada mil·límetre de bronze que s'alça.

Jo:

—Us fa plorar?

Ell:

—Ens fa plorar.
—De totes maneres —vaig dir jo—, jugueu amb el vostre germà i parleu amb aquella noia, feu totes aquelles altres coses... No és una consolació?
—No ho sé —va contestar el soldat.
—No basta? —vaig observar.
—No ho sé —va contestar de nou el soldat.
Vaig dir jo:
—Vós m'amagueu alguna cosa. Semblava que estàveu tranquil i que res no us podia ofendre...
—Així és —va contestar el soldat.
—Així, doncs —vaig cridar—, no és veritat que ploreu.
—Pobre de mi! —va sospirar el soldat.
Amb veu humil li vaig preguntar:
—Puc fer alguna cosa per consolar-vos?
Ell va tornar a contestar-me que no ho sabia.
I jo li vaig suggerir:
—Potser un cigarret.
Vaig buscar-me els cigarrets per les butxaques, vaig afegir:
—Voleu que ho provem?
—Provem-ho —va contestar ell.
Vaig allargar-li el cigarret.
—Apa —vaig dir-li.
Però el cigarret em va quedar a la mà.
—On sou? —vaig exclamar.
—Sóc aquí —va dir el soldat.
Vaig posar-me dret, vaig avançar un pas, un altre pas, i sempre amb el cigarret a la mà.
—Què, el voleu o no? —vaig cridar.
—Sí que el vull, sí que el vull —va contestar el soldat.
Vaig cridar:
—Apa, doncs.
El soldat no em va respondre.
—Teniu. On sou? —vaig cridar.
El soldat ja no em contestava. I jo vaig continuar cridant, vaig començar a córrer, em vaig trobar fora de la vall, de nou en el replà de la casa de la meva mare; vaig veure que el cementiri era molt lluny, a sota meu, amb els seus llums.

XLIV

Vaig dormir tota la resta d'aquella nit, i vaig oblidar, però quan em vaig despertar encara era fosc.

Cendres fredes embolicaven, en el glaç de les muntanyes, Sicília, i el sol no s'havia alçat, ja no s'alçaria mai més. Era nit sense la calma de la nit, sense la son; per l'aire volaven corbs; de les teulades, dels horts, sortia de tant en tant un tret.

—Què és avui? —vaig preguntar a la meva mare.

—Dimecres —va contestar la meva mare.

Ella estava tranquil·la, de nou amb la seva flassada sobre les espatlles, amb els sabatots d'home als peus, però de mal humor, es negava a parlar.

—Avui me'n torno —vaig dir.

La meva mare es va arronsar d'espatlles; asseguda amb les cendres que embolicaven Sicília sobre el seu cap.

—Però, quin dia és avui? —vaig cridar.

Em vaig aixecar i vaig sortir al replà, i la meva mare lentament em va seguir. Era com si em vigilés.

—Pam! —va fer un fusell.

—Contra què tiren? —vaig preguntar.

La meva mare s'havia aturat a la porta i mirava cap amunt, on volaven els corbs.

—Contra ells? —vaig preguntar jo.

—Sí, contra ells —va contestar la meva mare.

De nou esclatà una fusellada, i va ferir les cendres de l'aire, els corbs xisclaren invulnerables.

—Riuen —vaig observar.

—No t'ha passat la borratxera —va dir la meva mare.

La vaig mirar; era allí, repeteixo, com si em vigilés.

—Estava borratxo? —vaig preguntar.

—Ni tan sols ho saps? —va dir la meva mare—. Has tornat precisament com el teu pare quan tornava borratxo. Negre. I te n'has anat a jeure al meu llit. M'has fet dormir al sofà.

Va esclatar una altra fusellada.

—No entenc què us passa —va continuar la meva mare—. El teu avi cantava i bromejava quan havia begut.

Una quarta fusellada es va alçar d'un hort, en va seguir una cinquena, però els corbs volaven sempre invulnerables per les altes cendres del cel, i no canviaven mai de trajectòria, i xisclaven, reien.

—Per què, aquests corbs? —vaig exclamar.

Ara la meva mare s'havia posat atenta, mirava esperant que algun d'aquells ocells caigués.

—Però, de veres tiren a ells? —vaig preguntar.

Una sisena, una setena fusellada van fallar, i la meva mare es va entristir.

—És inútil. No els atrapen —va dir.

Va tornar a entrar a casa, i va tornar corrent amb una escopeta, es va posar a disparar també.

—Pam! Pam!

Però res no va alterar l'inaccessible vol dels corbs.

—Riuen —vaig observar.

—Pam! Pam! Pam! —va contestar la meva mare.

Llavors es va alçar una veu de dona grassa al peu de l'escaleta i va dur un encàrrec a la meva mare, li cridà, entre els trets i els corbs:

—Mare afortunada!

XLV

Sense una paraula, tornant a la cuina, la meva mare es va asseure.

Hi havia el braser encès, allí al mig, i ella, a poc a poc, va agafar els molls, els va moure, els brandà, després els va enfonsar a la cendra i va girar a poc a poc les brases, després es va alçar i se'n va anar cap al fogó, i jo pensava que no havia entès res.

—Menjaràs amb mi abans d'anar-te'n? —em va preguntar.

—Com vulguis —vaig dir jo—. Com vulguis.

Pensava que no havia entès res, i hauria estat disposat a fer qualsevol cosa per ella, encara que ara el viatge a Sicília ja havia acabat. Estimada dona vella; mare afortunada! Em va preguntar si m'acontentava com el dia abans, amb una arengada, o si volia una mica de xicoira. Em va preguntar si mentrestant volia una tassa de cafè, i es va posar a preparar el cafè, i jo vaig veure els seus moviments al voltant de la cafetera i del fogó, la vaig veure aïllar-se en el feinejar com s'hi aïlla tota dona, i vaig tremolar per la seva solitud, per la meva, per la del meu pare, per la del meu germà mort a la guerra.

—A quina hora te'n vas? —em va preguntar.

Sicília havia esdevingut immòbil, i jo en sofria, vaig contestar que volia arribar a temps per sortir aquella nit de Siracusa. Ella molia el cafè, tot molent-lo calculava els trens i els correus. Després va dir:

—Espero que no te n'aniràs a fer de soldat, almenys.

Llavors vaig saber que ella ho havia entès tot.

—Oh! —vaig exclamar.

I ella afegí:

—Tornaràs alguna vegada.

—Estàs contenta que t'hagi vingut a veure? —li vaig preguntar.

I ella:

—És clar que sí. Dóna gust parlar amb un fill després de quinze anys...

Va acabar de moldre, i un pot d'aigua que sobreeixia al foc la va atreure de nou cap el fogó, tots aquells objectes de la seva solitud. Va continuar:

—Els anys van i vénen, els fills van i vénen...

I com que els corbs xisclaven enllà de la finestra va dir:

—Aquests corbs!

—Però, què els atreu aquí? —vaig fer jo.

La meva mare va alçar les espatlles.

—De tant en tant apareixen.

En el silenci que seguí li vaig preguntar:

—Qui era?

La meva mare va mirar les coses de la nostra infància espargides per la cuina, i va mirar lluny, després més a prop, va contestar:

—Era Liborio.

—Ah, el tercer, oi? —vaig dir jo.

I ella:

—No havia anat mai pel món i va estar content quan el van cridar. M'ha enviat postals dels llocs del món que ha vist, tres l'any passat, dues aquest any. Quines ciutats més boniques! Li deuen haver agradat.

—Eren les ciutats de la guerra? —vaig observar.

—Crec que sí —va contestar ella.

—I estava content? —vaig cridar.

Ho vaig cridar efectivament, després vaig afegir:

—Una idea meravellosa per un noi!

Va dir la meva mare:

—No pensis malament d'ell, ara.

—Malament? —vaig cridar—. Què et passa pel cap? Haurà estat un heroi.

La meva mare em va mirar com si parlés amb amarguesa.

—No! —va dir—. Era un pobre noi. Volia veure món. Estimava el món.

—Per què em mires així? —li vaig cridar—. Ha estat valent. Ha conquerit. Ha vençut.

I encara més fort vaig cridar:

—Ha mort per nosaltres. Per mi, per tu, per tots aquests sicilians, per fer continuar totes aquestes coses, i aquesta Sicília, i aquest món... Estimava el món!

—No! —va dir la meva mare—. No! Va ser un noi com tu. Tu tenies onze anys i ell set. Tu...

—Dóna'm aquest cafè —vaig cridar.

—Sí —va contestar la meva mare.

I omplí la tassa i me la va dur. Tot posant-la davant meu a la taula, afegí:

—M'imagino que igualment no l'hauria tornat a veure. Pobre xicot! Estimava el món.

XLVI

La vaig veure aïllar-se amb aquest pensament, el pobre xicot que estimava el món; i remoure en si mateixa aquest desig de tots els xicots: conèixer el món, caminar per les ciutats boniques, trobar dones. Mentrestant vaig beure el cafè, la meva mare em va mirar, com si fos molt estrany, a la cara; com si, per exemple, em begués el meu cafè amb tristesa i ràbia. En realitat, crec que negava el pensament que hi havia en ella del pobre noi, i la idea en mi dels set anys. No volia que un soldat tingués set anys. Així, amb veritable tristesa, o amb veritable ràbia, vaig exclamar:

—Mal llamp!

La meva mare va tornar a seure a la cadira baixa que hi havia davant el braser i, molt a poc a poc, observà:

—Només una cosa no entenc. Per què aquella senyora m'ha dit afortunada?

Ràpid, vaig dir:

—És ben clar. Perquè la seva mort t'honora.

I ella:

—La seva mort m'honora?

I jo:

—Morint ell ens ha fet honor...

De nou em va mirar com si hagués parlat amb amarguesa. Hi havia una manera constant en la seva mirada que venia cap a mi així que jo em mostrava: una sospita, un retret. Amb retret va dir-me:

—I aquesta és la meva fortuna?

Jo vaig dir amb obstinació:

—L'honor reverteix en tu. Tu l'has parit.

I ella, sempre amb retret:

—Però l'he perdut, ara. Hauríeu de dir-me desgraciada.

I jo:

—Res d'això. Perdent-lo, l'has obtingut. Ets afortunada.

Sorpresa, la meva mare es va quedar un moment meditant. Continuava mirant-me amb desconfiança, amb retret. I semblava que se sentís a la meva mercè. Em va preguntar:

—¿Estàs segur que aquella senyora no s'ha volgut burlar de mi?

—Oh, no! —li vaig contestar jo—. Sabia ben bé què es deia.

—Ho creia de veres que sóc afortunada? —va preguntar ella.

—Segur que sí —li vaig respondre—. Hauria volgut trobar-se al teu lloc.

I ella:

—Al meu lloc? Com, al meu lloc?

I jo:

—Al teu lloc amb Liborio mort... N'hauria estat orgullosa.

Ella:

—M'envejava, doncs?

Jo:

—Totes les dones t'envegen.

Però la meva mare continuava mirant-me amb desconfiança. Se sentia a la meva mercè, era evident. I ara explotà:

—Ves ara què dius!

—Dic la veritat —vaig dir jo—. És escrit als llibres. ¿No te'n recordes gens, dels llibres d'escola?

Ella va dir:

—Només he fet primeres lletres.

I jo:

—Devíeu estudiar una mica d'història.

Ella:

—Mazzini i Garibaldi.

Jo:

—I Cèsar, Muci Escèvola, Cincinnat, Coriolà. ¿No en recordes res, de la història romana?

Ella:

—Recordo què va dir Cornèlia, la mare dels Gracs.

Jo:

—Molt bé. Què va dir Cornèlia?

Ella:

—Va dir que les seves joies eren els seus fills.

Jo:

—Ho veus? Cornèlia estava orgullosa dels seus fills.

Ara la meva mare somreia.

—Quina broma! —va exclamar—. Però els fills de Cornèlia no eren morts.

—D'acord —vaig dir jo—. Encara no eren morts. Però, per què et creus que Cornèlia estava orgullosa dels seus fills?

—Per què? —va observar la meva mare.

I jo vaig dir:

—Perquè els sabia disposats a morir... Cornèlia era una mare romana.

La meva mare es va arronsar d'espatlles, de nou sorpresa, i sempre em mirava amb desconfiança.

—Veus? —vaig continuar jo—. Aquella senyora t'ha considerat com una mena de Cornèlia. ¿No t'agradaria ser una mena de Cornèlia?

—No ho sé —va contestar amb desconfiança la meva mare.

I va preguntar:

—Com era aquesta Cornèlia?

—Ah, era una gran dona! —vaig dir jo—. Una noble, una matrona...

I la meva mare:

—Era una dona bonica?

I jo:

—Bonica i sàvia. Alta. Rossa. Com tu, em sembla.

—Però fixa't! —va exclamar la meva mare—. I per què en parlen, als llibres?

—Tot mèrit dels seus fills —vaig cridar jo.

—Afortunada! —va exclamar la meva mare.

I jo vaig cridar:

—Has vist? Així mateix ets afortunada, tu...

La meva mare es va estremir:

—Jo? —I vermella de cara, foc i flames amb la flassada

sobre les espatlles, va dir precipitadament—: ¿Vols dir que també en parlaran, de mi, als llibres?

—Gairebé —vaig dir jo—. De tu i dels teus fills. Ja pertanyeu als llibres.

La meva mare se sentia commoguda. No aconseguia refer-se i no desconfiava:

—Als llibres? Als llibres? —va cridar.

—A la història —vaig dir jo—. No ho sabies? Així que ha sortit del món, ell ha entrat a la història. I tu amb ell.

—Jo amb ell? —va cridar commoguda, la meva mare.

—Tu amb ell. Tu amb ell —vaig cridar jo.

—Creus que pertanyen encara al món? —vaig cridar—. A aquesta terra d'aquí? A aquesta Sicília?

Més fort encara vaig cridar:

—No, estimada mare. Ja veuràs com et cridaran i et donaran una medalla.

—Una medalla? —va cridar la meva mare.

—Sí, damunt el pit —vaig cridar jo.

I aquí vaig abaixar per fi la veu, vaig continuar amb calma:

—Per tot això que ell ha fet al món. A aquelles ciutats. A Sicília.

Vaig concloure:

—Una medalla pel seu mèrit.

La meva mare, precisament aquí, va començar a flaquejar:

—Com és possible? —va dir—. Era només un pobre xicot.

I jo vaig començar a témer. Vaig començar a recordar.

XLVII

Què significava un pobre xicot?

Vaig mirar al meu voltant, la cuina, vaig mirar el fogó i l'olla de terrissa a sobre, i més enllà la pastera, i després el dipòsit de l'aigua, el safareig, les cadires, la taula, a la paret el rellotge que en diem de l'avi, i tot mirant tenia por. Vaig mirar i tenia por també de la meva mare. Abrigada amb la flassada era, entre les seves coses, com cadascuna de les seves coses; plena de temps; de gènere humà passat, infància i camí sense trava, homes i fills, res a veure amb la història. La seva vida continuaria allí dins, i faria arengades a la brasa, amb les sabates del meu pare als peus. Jo mirava i tenia por.

I em preguntava qui era més pobre xicot.

Qui era més pobre xicot?

Tenia por, repeteixo. I mentrestant començava també a recordar. I tot començant a recordar vaig treure un cigarret, el vaig encendre. Era el meu primer cigarret aquell dia, i l'únic, el mateix que havia allargat aquella nit de borratxera. El vaig encendre, vaig llençar la cerilla, i recordant quin cigarret era, tot fumant-lo, a poc a poc em vaig trobar amb llàgrimes a les mans.

Tot fumant vaig sortir de casa.

«Cra, cra, cra», udolaven pel cel en cendres els corbs. Vaig baixar pels carrers, vaig caminar pels carrers d'aquella Sicília ja no de viatge, sinó aturada, i fumava i plorava.

«Ah! Ah! Mireu com plora! Per què plora?», van udolar els corbs veient-me.

Jo vaig continuar el meu camí sense respondre, i vet aquí que em va venir al darrera una vella negra.

—Per què ploreu? —em va preguntar.

No vaig contestar res, i vaig seguir endavant, fumant i plorant; i un macip que esperava a la plaça amb les mans a les butxaques em va preguntar:

—Per què ploreu?

I ell també em va venir al darrera, i jo vaig seguir sempre plorant, per davant d'una església. Ens va veure el capellà, a mi i els qui em seguien, i va preguntar a la vella, al macip, als corbs:

—Per què plora aquest home?

Es va unir a nosaltres, i tot de criatures que ens van veure van exclamar:

—Mira! Fuma i plora!

I també van dir:

—És per culpa del fum, que plora! —i em van venir al darrera com els altres, portant al meu darrera el seu joc.

I així també em va seguir un barber, i em va seguir un llenyataire, un esparracat, una noia amb el cap tapat amb una bufanda, un altre esparracat. Venien i em preguntaven:

—Per què ploreu?

O preguntaven als qui ja em seguien:

—Per què plora?

I tots em seguien: un carreter, un gos, homes de Sicília, dones de Sicília, i fins i tot un xinès.

—Per què ploreu? —preguntaven.

Però jo no tenia cap resposta per donar-los. No plorava per cap raó. En el fons ni tan sols plorava; recordava; i el record tenia aquesta aparença de plor als ulls dels altres.

Què podia fer? Continuava pel meu camí. I vaig arribar al peu de la dona nua de bronze que hi havia dedicada als caiguts, em vaig trobar al voltant tots els amics del dia abans, i els sicilians que havia trobat i amb qui havia parlat durant el meu viatge.

—Hi ha uns altres deures —em va dir el Gran Llombard—. No ploreu.

—No ploreu —em van dir els amics de les malalties.

—No ploreu —em van dir les amigues.

I el petit amic de les taronges també em va dir:

—No ploreu.

Hi havia el catanès, i va dir:

—El senyor té raó, no ploreu.

—Hi! —va dir el vellet de la veu de llenya seca.

—Però jo no ploro per vosaltres —vaig dir—. No ploro.

M'havia assegut a l'estació al peu de la dona de bronze, i els seus amics em voltaven, creien que plorava per ells.

—No ploro —vaig continuar. I plorava—. No ploro. Escampo la borratxera.

—Què significa? —va dir Amb Bigotis a Sense Bigotis.

—Alguna cosa hi ha sota d'això —va dir Sense Bigotis a Amb Bigotis.

—No ploro —vaig dir jo—. No hi ha res a sota.

I l'home Ezechiele va cridar:

—El món està molt ofès!

—Però jo no ploro en aquest món —vaig replicar jo.

Va dir la vídua:

—Plora per la seva mare.

L'altra dona va dir:

—Plora pel seu germà mort.

—No, no —vaig replicar jo—. No ploro en mi. No ploro en aquest món.

I de nou vaig dir que el que passava és que no plorava, vaig dir que no plorava per ningú, per res de Sicília i la resta, per res del món, i els vaig dir adéu, els vaig dir a tots que se n'anessin, vaig dir de nou que escampava una borratxera.

L'esmolet em va preguntar:

—I on l'heu agafada aquesta borratxera?

—Al cementiri —vaig contestar jo—. Però no cal parlarne.

—Ah! —va dir l'esmolet.

I jo vaig acabar de fumar, vaig acabar de recordar. Vaig plegar el plor.

XLVIII

Aleshores vaig alçar els ulls devers la dona nua de bronze del monument.

Era una dona bonica, jove en les seves dimensions dues vegades del natural i la seva pell llisa de bronze; ben feta, hauria declarat la meva mare; amb cames, amb pits, amb esquena, amb ventre, amb braços... Posseïa tot allò que fa que una dona sigui una dona, com sortida de fresc de les costelles d'un home, de veres. Fins tenia marcat foscament el sexe; i uns llargs cabells li adornaven amb gràcia sensual el coll; la cara li somreia amb sensual malícia, per tota la mel que hi havia en ella, i pel seu estar nua allí al mig, dues vegades més gran del que calia, de bronze.

Em vaig alçar, i vaig donar una volta al seu entorn, per examinar-la millor. Vaig mirar-la del darrera, de flanc i després de nou del darrera. Els amics m'observaven, i els vells em feien l'ullet, les dones i les noies s'escrutaven l'una a l'altra amb el cap baix, i el Gran Llombard, tot greu, s'aclaria la gola.

—És ben bé una dona —vaig dir jo.

L'esmolet se'm va acostar, es va plantar al meu costat sota el pedestal i va alçar els ulls també.

—Segur —va exclamar—. És una dona.

Vam donar la volta tots dos pel seu davant, amb els ulls sempre alçats.

—Allí, hi té la llet —va observar l'esmolet. I va riure.

Van riure, des del peu del monument, les noies. El Gran Llombard va somriure.

—És una dona —vaig dir jo de nou. Em vaig allunyar una o dues passes del pedestal, i l'esmolet em va seguir, tots dos ens miràvem la dona en conjunt.

—No està malament, oi? —va preguntar l'esmolet.

Jo li vaig fer notar el seu somriure. I l'esmolet em va donar un copet amb el colze.

—Ah! Ah! —va dir.

La dona estava tesa, amb un braç alçat cap al cel, i l'altre plegat sobre el pit com per tocar-se l'aixella del primer. Somreia.

—Ho sap tot —va dir l'esmolet.

Una noia, al peu del pedestal, va riure, i l'esmolet afegí:

—La sap tan llarga, com llarga és ella.

—I encara més —vaig dir jo—. Sap que és invulnerable.

—De veres? —va exclamar el meu interlocutor.

—És clar —vaig dir jo—. Sap que és de bronze.

—Vet aquí! —van exclamar els meus interlocutors.

I jo vaig continuar:

—Es veu clar, no?

—Es veu ben clar —van reconèixer els meus interlocutors.

Jo vaig baixar un esglaó, i m'hi vaig quedar assegut. Uns es van allunyar uns quants passos, uns altres van seure.

—Aquesta dona és per a ells —vaig dir.

Tots van assentir i jo vaig afegir:

—Aquests no són uns morts vulgars, no pertanyen al món, pertanyen a una altra cosa, i tenen aquesta dona per a ells.

—Hem! —havia dit el soldat.

—¿No és ben amable de part nostra dedicar-los una dona? —vaig continuar—: Amb aquesta dona, nosaltres els celebrem.

—Hem! —havia dit el soldat—. Hem! Hem!

—Amb aquesta dona —vaig continuar—, amb aquesta dona...

Em vaig interrompre i el soldat va parlar en mi, va dir ben fort:

—Hem!

—Hem? —van preguntar, asseguts al meu voltant, els meus interlocutors.

—No res —vaig dir jo—. He dit només hem!

Però de nou el soldat va parlar en mi, i de nou va dir:

—Hem!

—Quina història és aquesta? —es van preguntar l'un a l'altre Amb Bigotis i Sense Bigotis.

—És una paraula secreta —vaig contestar.

Els sicilians es van mirar entre ells.

—Ah! —va dir l'home Porfirio.

—Ja —va dir l'home Ezechiele.

—És clar —va dir l'esmolet.

I el Gran Llombard va assentir amb el cap. Tots van assentir. Un va dir:

—Jo també la conec.

—Què? —va dir Amb Bigotis.

—Què? —va preguntar Sense Bigotis.

A dalt somreia, sobre tot això, la dona de bronze.

—I fa sofrir molt? —van preguntar els sicilians.

EPÍLEG

XLIX

Aquesta va ser la meva conversa a Sicília, que va durar tres dies i les seves nits, acabada com havia començat. Però haig d'anotar que s'esdevingué una altra cosa després del final.

Havia tornat a la meva mare per dir-li adéu, i la vaig trobar a la cuina que rentava els peus a un home.

L'home seia d'esquena a la porta, era molt vell; ella, agenollada a terra, li rentava els vells peus en un gibrell.

—Me'n vaig, mama —vaig dir-li—. El cotxe està a punt.

La meva mare va alçar el cap a l'altre cantó de l'home.

—Així, no dines amb nosaltres? —va contestar.

L'home no es va girar, ni a les meves, ni a les seves paraules. Tenia els cabells blancs, era molt vell, i tenia el cap cot, semblava que estigués profundament abstret.

—Dorm? —vaig preguntar en veu baixa a la meva mare.

—No. Plora, el beneit —va contestar ella.

I afegí:

—Sempre ha estat així. Plorava quan jo paria, i ara també plora.

En veu baixa vaig exclamar:

—Què dius? És el papa?

Ell, mentrestant, no ens prestava atenció.

Em vaig acostar per mirar-lo a la cara, vaig veure que la tenia amagada amb la mà. Em semblava de totes maneres massa vell; i per un moment vaig pensar que no fos el meu avi. Vaig pensar també que podia ser el caminant de la meva mare.

—Ha tornat ara? —vaig preguntar en veu baixa.

La meva mare va moure el cap amb desaprovació.

—Plora —va dir—. No sap que sóc afortunada.

Però aquí va deixar sols dins l'aigua del gibrell els peus de l'home, i es va alçar, em va dur a part.

—Per cert, tu m'has ben enredat amb aquella Cornèlia —em va dir—. No va ser al camp de batalla que van morir els seus Gracs.

—No va ser al camp de batalla? —vaig exclamar jo, sempre en veu baixa.

—No —va continuar la meva mare—. Ho he vist en els vostres llibres d'escola quan te n'has anat.

—Bé —vaig dir jo. I la vaig besar al front—. Adéu.

—No el vols saludar? —va preguntar la meva mare.

Vaig dubtar, tot mirant el vell, després vaig dir:

—El saludaré una altra vegada. Deixa'l estar.

I vaig sortir de la casa de puntetes.

NOTA

Per evitar equívocs i malentesos adverteixo que, de la mateixa manera que el tema d'aquesta Conversa *no és autobiogràfic, així també la Sicília que l'emmarca i acompanya és només per casualitat Sicília; només perquè el nom de Sicília em sona més bé que el nom de Pèrsia o Veneçuela. Per altra banda, m'imagino que tots els manuscrits són trobats sempre dins una ampolla.*

SUMARI